JN411937

전쟁을 공부하다 2

『맹자』 편

전쟁을 공부하다 2:『맹자』편

This Edition was published by Jipmoondang in 2025, Seoul, Korea.

전쟁을 공부하다 2

『맹자』 편

조은영 지음

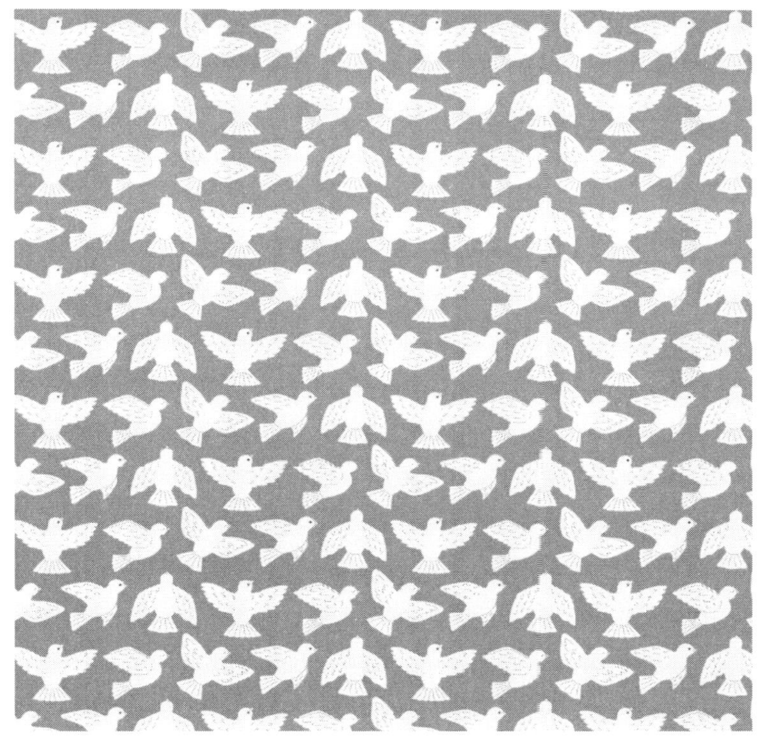

집문당

저자 **조은영**

육군사관학교를 졸업하고 성균관대학교에서 다산 정약용에 관한 연구로 석사와 박사 학위를 받았다. 현재 육군사관학교 국어·철학과 교수 겸 학술정보원장으로 재직 중이다. 저서로 『군사학 개론』(공저), 『사례 중심 군대윤리』(공저), 『전쟁을 공부하다 1: 『전쟁론』 편』 등이 있다. 군의 가치와 문화, 동서양의 전쟁관에 관한 연구를 꾸준히 이어오고 있다.

전쟁을 **공부**하다 **2**

『맹자』 편

2025년 12월 30일 1판 1쇄

저자 | 조은영
발행인 | 임동규
발행처 | **(주)집문당**
등록 | 1971. 3. 23. 제2012-000069호
주소 | 03134 서울시 종로구 돈화문로 82, 5층
전화 | +82-1811-7567
이메일 | sale@jipmoon.com
홈페이지 | www.jipmoon.com

ISBN 978-89-303-1983-6 94390
978-89-303-1967-6 (세트)

가격 18,000원

(주)집문당 이순신돋움체B (저작권자 아산시, 무료글꼴)

머리말

이 책은 『전쟁을 공부하다』 시리즈의 두 번째 책이다. 이 책에서는 맹자(孟子)의 전쟁을 공부한다. 이전 첫 번째 책에서 전쟁 공부를 위해 클라우제비츠(Carl von Clausewitz)의 『전쟁론』을 선택한 데에 의문을 제기할 독자는 거의 없을 것이다. 그런데 『맹자』는 어떨까? 독자 중 상당수는 고개를 갸우뚱할지도 모르겠다. 실제로 나의 강의에서도 첫 책으로 『전쟁론』을 읽고, 이어서 『맹자』를 읽는다고 하면 생도들이 어리둥절해한다. 클라우제비츠에서 갑자기 맹자로? 클라우제비츠와 맹자, 이 두 사람이 어떤 연관성이나 유사점이 있지? 더구나 전쟁 개념을 중심으로 두 사람을 비교할 거리가 있나? 이런 의문은 당연하다. 아마도 전쟁과 관련한 중요한 책으로 클라우제비츠의 『전쟁론』에 대해서는 들어보았을 것이지만, 맹자의 어록과 행적을 담은 『맹자』에 대해서는 들어본 적이 거의 없을 것이기 때문이다. 그러나 『맹자』에 전쟁에 관한 논의가 제법 많다는 사실을 알면 놀랄지도 모른다.

물론 맹자가 전쟁과 관련한 언설(言說)을 적지 않게 했다고 해도, 클라우제비츠 [1780년~1831년]와 맹자 [BC 372년~289년 추정] 사이에는 대략 2000년이라는 시간의 간격이 있다. 우럽과 동아시아라는 공간적인 거리도 여간 먼 게 아니다. 이런 두 사람 사이에 사상적, 문화적 차이는 또 얼마나 클까? 그럼에도 불구하고 맹자라는 인물의 전쟁 개념을 공부하는 이유는 무엇인가? 이에 대해 머리말에서 그 이유를 일부 밝히며 맹자의 전쟁 공부를 시작하는 게 나을 듯하다.

첫 번째 이유는『전쟁을 공부하다』시리즈가 공유하는 목적의식에서 찾을 수 있다. 나는 첫 번째 책에서 "전쟁이란 무엇인가?"라는 물음이 우리 공부의 출발점이라고 한 바 있다. 전쟁과 같은 큰 개념이 시간과 공간과 인간이 어우러지는 역사성 안에서 어떻게 변모하는지 살핌으로써 현재 우리가 가진 전쟁에 대한 앎과 어떻게 같고 다른지, 왜 그들은 그렇게 생각했고 우리는 이렇게 생각하는지, 그들을 거울삼아 우리 생각을 비판적으로 들여다보자고 했다. 따라서 클라우제비츠와 맹자의 연관성이 멀고 그 차이가 클수록, 즉 두 사람의 사상을 구성하는 역사성의 차이가 클수록 우리의 목적의식에 부합한 공부를 제대로 할 수 있을 것이다.

두 번째 이유는, 앞의 첫 번째 이유의 연장선에서, 클라우제비츠에게는 찾기 힘든 중요한 내용이 맹자의 전쟁 개념에서 다루어진다는 데에 있다. 그것은 바로 전쟁과 윤리[도덕]의 관계이다. 이는 맹자의 전쟁 개념을 대표하는 용어인 '의전(義戰)'에서 단적으로 알 수 있다. 맹자는 전쟁을 '의로움(義)'과 결부해서 파악한다. 이는 전쟁의 본질을 이루는 폭력의 무제한성과 무자비함은 국제법상의 관례나 인도주의자들의 견해에 따라 바라볼 수 있는 게 아니라고 한 클라우제비츠의 전쟁 이해를 떠올려 보면 크게 대비되는 부분임을 알 수 있다. 클라우제비츠는 차가운 이성으로 전쟁에 관한 이론을 정립하고자 하였고, 그 과정에서 정치와의 관계를 뚜렷이 부각시켰지만 윤리의 문제는 수면 아래로 감추고 말았다. 그러나 맹자는 윤리 문제를 전면에 내세워 전쟁을 바라본다.

그렇다면, 과연 윤리라는 프리즘을 거쳐 보게 되는 전쟁은 어떤 새로운 생각거리를 안겨주게 될까? 특히 전쟁과 윤리의 관계는 서구 지적 전통에서 오랜 역사 동안 '정의전쟁론(Just War Theory)'이라는 이름으로 논의되어 온 주제이기 때문에 우리에게 자못 많은 공부거리를 주리라 기대한다.

셋째, 전쟁과 윤리의 관계에 관한 탐구는 시리즈 첫 권을 마무리하며 제기하였던 문제 제기와 연관이 있다.

> 칸트의 말처럼 '영원한 평화'의 구축은 인류 문명의 과제이다. 하지만 인간의 약점과 한계를 고려할 때 '영원한 평화'는 쉽게 도래하지 않을 것이다. 그렇다면 우리는 이렇게 물어야 할 것이다. "인간의 현실에서 전쟁이 없을 수는 없지만 **불가피하게 전쟁을 하게 된다면 어떤 전쟁을 해야 하는가?**" 즉 우리가 할 전쟁과 하지 말아야 할 전쟁을 분별함으로써 전쟁을 통제하고 줄이는 노력을 기울여야 하지 않을까? 이런 관점에서 전쟁이란 무엇이라고 이해해야 할까? (조은영 2024, 180)

전쟁과 윤리의 관계는 우리가 "어떤 전쟁을 해야 하는가?"라는 질문과 밀접한 연관성을 가진다. 정의전쟁론의 핵심 내용 중 하나는 우리가 할 전쟁과 하지 말아야 할 전쟁의 분별에 있다. 따라서 맹자의 전쟁에 관한 공부는 자연스럽게 시리즈 1권에서 남겼던 위 인용문 속의 물음에 대한 답을 찾는 과정 중 일부가 될 것이다.

이상과 같이 『맹자』를 공부해야 할 제법 중요한 이유를 피력했음에도 불구하고, 여전히 마음에 걸리는 부분이 있다. 『전쟁을 공부하다』 시리즈의 첫 책을 낼 때는 시작에 대한 어려움과 두려움이 있었다. 시작이 어려운 법이니 그러려니 했다. 이미 일을 벌여 얼마간 진행해 온 지금은 좀 나아질까 싶었다. 그런데 두 번째에는 두 번째 나름의 이유가 또 생긴다는 사실을 미처 알지 못했다.

두 번째에도 여전히 걱정이 앞서는 이유는 아이러니하게도 이번에 공부할 책이 『맹자』라는 데 있다. 분명 『맹자』가 우리의 전쟁 공부에 유익한 책이라는 사실은 틀림없지만, 이 책을 공부하려면 독자들이 넘어야 할 문턱이 몇 가지 있기 때문이다.

첫 문턱은 한자(漢字)다. 『맹자』는 원전 텍스트가 한자다. 내 경험으로는 요즘 젊은 세대에게 한자는 외계어에 가깝다. 10여 년 전부터인가 좀 더 이전부터인가 기억은 흐릿하지만, 내 수업을 듣는 생도들이 한자를 거의 모른다는 사실을 알게 되었다. 중고등학교 시절 한자 수업이 없던 까닭도 있을 것이다. 그러나 더 근본적인 이유는 우리 사회에서 한자라는 언어는 생명력을 잃어가고 영어는 더욱 큰 힘을 얻어가고 있기 때문일 것이다. 소위 MZ 세대들이 영어는 곧잘 해도 한자는 까막눈인 게 이상한 일이 아니다.

한자는 소리글자인 영어나 한글과 달리 뜻글자이다. 예를 들어 군사(軍事: military affairs)와 군사(軍士: soldier)는 소리는 같지만, 뜻은 다르다. 따라서 소리와 무관하게 한자어의 뜻 자체를 알아야 한다. 이 책에서 『맹자』의 원문을 번역해서 소개하겠지만, 독자 스스로 좀 더 정확하게 이해하려면, 특히 몇몇 중요한 개념어에 대해서는 자전(字典: 한자어 사전)을 찾아보며 그 의미를 파악하고 확인하는 수고가 필요할 수 있다.

두 번째 문턱은, 첫 번째 문턱에서 파생하는 문제라고 볼 수 있지만, 『맹자』에 실린 글이 옛날 용어와 문체로 쓰여있다는 점이다. 『맹자』는 2000여 년 전의 일을 다룬 글인지라 오늘날 잘 쓰지 않는 단어도 많고 기술 방식도 생소하다. 그래서 문장을 그대로 직역하면 언뜻 잘 이해가 되지 않을 수 있다. 그렇다고 현대적인 용어와 문체로 의역하는 게 지나치면 본래 가진 뜻과 뉘앙스를 해쳐서 전달하려는 의미가 왜곡될 수도 있다.

세 번째 문턱은 『맹자』에서 전쟁 논의는 산발적으로 흩어져 있다는 점이다. 『맹자』는 클라우제비츠의 『전쟁론』 같이 전쟁 개념을 중심으로 논의를 이끌어가는 책이 아니다. 그렇다고 특정 장이나 절에서 전쟁 개념에 대한 논의만 별도로 할애하여 집중적으로 다루지도 않는다. 전쟁에 관한 맹자의 생각은 『맹자』 여기저기에서 조금씩 찾을 수 있을 뿐이다. 따라서 『맹자』 전체를 한번 읽는다고 맹자의 전쟁 개념을 쉽게 파악할 수 있는 게 아니다.

이런 문턱을 감안해서 이 책에서는 중요한 개념상의 한자어는 좀 더 설명을 덧붙이고, 『맹자』 인용문은 본래 뜻의 손실을 줄이는 선에서 이해하기 쉬운 현대적인 말투에 가깝게 옮겨보고자 했다. 그리고 첫 번째 공부 텍스트였던 『전쟁론』은 먼저 『전쟁론』을 읽고 내 책을 읽기를 권했지만, 이번에는 내 책을 먼저 읽고 『맹자』를 읽을 것을 권한다. 이 순서로 읽는 것이 『맹자』 속에 흩어져 있는 전쟁 개념의 조각들을 맞추어 보는 데 더 편할 것이기 때문이다. 그래도 이 책에서 맹자의 전쟁 개념을 집중하여 다루는 Ⅱ부 1장을 지나면, 이후 장에서는 한자와 옛 말투의 그늘에서 벗어나게 될 것이다.

이 책의 구성은 큰 틀에서 첫 번째 책과 같게 하여 시리즈 속 책 간의 일관성을 유지하고자 했다. 이에 따라 Ⅰ부는 「본격적인 공부에 앞서」, Ⅱ부는 「『맹자』 공부」, Ⅲ부는 「두 번째 공부를 마무리하며」의 순으로 했다. 첫 번째 책과 마찬가지로, Ⅰ부는 이 책의 공부를 위해 미리 염두에 두어야 할 것들을 다루었고, Ⅲ부는 Ⅱ부에서 다룬 내용 중 현재 우리의 전쟁 개념을 비판적으로 성찰하기 위해 더 생각할 문제들이 무엇인지 짚어 보는 내용으로 꾸몄다.

Ⅱ부는 『맹자』의 전쟁 공부와 관련한 내용을 총 3개 장으로 정리하였다. 1장은 맹자의 전쟁 개념을 분석하고, 2장은 서구 지적 전통의 정의전쟁론을 중심으로 전쟁과 윤리의 관계를 검토하고, 맹자의 전쟁 개념과 정의전쟁론의 상관성도 살핀다. 그리고 3장에서는 앞선 2개 장의 논의에서 더 생각할 쟁점들을 다룬다.

시리즈의 첫 번째 책을 나름 평이하고 쉽게 풀어 쓴다고 했는데도 불구하고 쉬운 글이 아니었다는 독자들의 볼멘소리도 적지 않게 들었다. 이번에는 한자와 옛 말투까지 포함하는 책이니 아무런 장담도 하지 못하겠다. 다루는 내용에 따라 어떤 부분은 그나마 읽기 쉽고 어떤 부분은 독해의 어려움을 피할 수 없을 것이다. 그러나 내 나름대로 많은 독자가 더 쉽게 읽을 수 있게 쓰고자 노력했다는 점은 기억해 주길 바란다.

첫 번째 책만큼이나 이번 책에서 다루는 내용 역시 전쟁 문제와 관련하여 중요한 부분이라는 점에서 이 두 번째 책도 전쟁이라는 주제에 관심을 가진 독자 여러분께 의미 있는 공부가 되지 않을까 싶다. 지난번에도 말했듯이, 이 책에서 다루는 내용에 관한 더 깊은 논의와 이해를 원하는 독자는 이 책에서 참고한 전문서적이나 논문을 참고해서 공부해 나가면 좋을 것이다.

지난해에 이어 올해 두 번째 책이 나오기까지 성심으로 지원해 주신 집문당의 임동규 대표님께 깊이 감사드린다. 다시 한번 책의 소소하고 세밀한 곳까지 구석구석 살펴봐 주시고 교정해주신 임용우, 전정아 부장님께도 깊이 감사드린다. 그리고 내 책의 열렬한 독자와 팬이 되어주었던 제자들과 동료 교수들에게, 늘 영감과 용기를 불어넣어 주던 사랑하는 아내에게도 진심으로 감사드린다.

끝으로 유난히도 더웠던 기나긴 여름을 지나 때늦은 단풍이 한창이던 때, 중환자실에서 정신마저 혼미한 중에도 나와 내 아내 목소리를 듣고 마지막으로 생긋 웃으셨던, 우리를 참으로 깊이 사랑해 주셨던, 이제는 하늘나라 하나님 곁에 계시는 사랑하는 어머니께 이 작은 책을 바친다.

2025년 겨울 목전에서

범례

• 책에서 ( )은 해당 용어의 한자어나 외국어 원어를 병기(倂記)할 때 사용하였고, [ ]은 해당 용어나 개념의 뜻을 부연하거나 유래한 뜻을 지시하는 등 추가적인 설명을 쓸 때 사용하였다.

• 『맹자(孟子)』의 원문과 번역은 아래를 참조하였다.
-성백효, 「현토완역 맹자집주』, 전통문화연구회, 1993.

• 한자 세대가 아닌 청년 군사학도를 위해 이 책에서 다루는 옛 경전의 번역, 인용, 표기는 다음과 같은 원칙에 따랐다.
- 번역은 이해하기 쉽게 일부 의역해서 옮긴다. 직역은 위에 소개한 성백효(1993)를 확인하기 바란다.
- 인용은 한글 번역문으로만 인용한다. 경전 출처는 밝히되 경전 원문은 따로 싣지 않는다. 단, 해당 한자 원문이 중요한 경우는 해당 구절을 본문에 포함해서 혹은 각주로 따로 소개한다.
- 일반적인 맥락에서 한자어는 '한글(한자)' [예: 공부(工夫)] 형태로 쓴다. 다만, 개념 측면에서 한자어 기표 자체가 중요한 경우 '한자[한글]' [예: 戰[전]] 형태로 쓰되, 처음 사용할 경우와 잠시 간격을 두고 다시 쓰는 경우 이 형태를 유지한다. 다만 가까운 지면 안에서 반복해서 사용할 경우는 '한자' [예: 戰] 로만 쓴다.

차례

III부

두 번째 공부를 마무리하며

I 부

본격적인 공부에 앞서

1장

유학(儒學)이라는 전통

1-1. 멀고도 가까운 유학

조금 지난 일이지만, 세기말이라 예민하던 때인 1999년 공자(孔子)가 나라를 망쳤다, 아니다 하며 우리 사회가 제법 시끄러웠던 적이 있다. 『공자가 죽어야 나라가 산다』는 도발적인 책이 발간된 게 계기였다.[1] 이후 2000년대에 들어서도 『한국인의 문화적 문법』이라는 제목으로 우리 사회의 유학적인 문화를 비판한 책이 발간된 적이 있다.[2] 그런데 이렇게 공자라는 이름으로 떠들썩하던 일도 벌

---

1) 김경일(1999)의 『공자가 죽어야 나라가 산다』는 한국 사회의 많은 문제가 공자와 유교 문화에서 비롯한 것이라는 신랄한 비판을 통해 단숨에 한국 사회를 들쑤셔 놓았다. 이에 대한 반동으로 최병철(1999)의 『공자가 살아야 나라가 산다』가 즉각 출판되기도 하였다.

2) 정수복(2007)은 사회 구성원의 행위 저변에서 지배적인 영향력을 발휘하는 공통의 사고방식을 '문화적 문법'이라고 규정한다. 그는 한국 사회의 근본적 문법으로 현세적 물질주의, 감정 우선주의, 가족주의, 연고주의, 권위주의, 갈등회피주의가 있고, 거기에 부수하는 파생적 문법으로 감상적 민족주의, 국가중심주의, 속도 지상주의, 근거 없는 낙관주의, 수단방법 중심주의, 이중규범주의가 있다고 지적한다. 그리고 이러한 근본적, 파생적 문법을 형성하는 내

써 사반세기 전의 일이다. 2025년 대한민국에서는 어떨까? 현재를 사는 젊은 세대에게 유학 사상은 매우 먼 이야기가 아닐까? 적어도 내 개인적인 경험에서는 그랬다.

보통 'MZ 세대'라 불리는 요즘 20대에 속한 사관생도들은 '꼰대 세대'에 속하는 나를 여러모로 놀라게 하곤 한다. 자기주장과 개성을 드러내는 것을 주저하지 않고, 내가 나이가 많고 계급이 높다고 지레 겁먹거나 쉬 움츠러들지도 않는다. 영어에 능숙하고 IT 쪽에도 매우 밝다. 그러나 뭐니 뭐니 해도 강의 현장에서 느끼는 가장 큰 차이점은 내 세대의 상식이었던 것이 그들에게는 그렇지 않다는 점이다.

최근 어떤 강의 중에 생도들에게 사서삼경(四書三經)[3]을 아느냐고 물은 적이 있다. 그런데 교반 생도 중에 아무도 사서가 어떤 책 4권인지 삼경이 어떤 책 3권인지 정확히 알지 못하는 눈치였다. 이는 꼰대 세대인 내게 매우 놀라운 사건이었다. 지엽적인 사례에 불과할 수도 있겠지만, MZ 세대는 한자(漢字) 문화와 멀리 떨어져 있다고 실감했던 순간이었기 때문이다.

그렇다면, 우리는 이번 전쟁 공부에서 유학 사상의 대표적 인물 중 한 사람인 맹자(孟子)에 대해서 살펴볼 참인데, 지금의 젊은 군사학도들에게는 너무나 생경하고 동떨어진 인물인 걸까? 그래서

재적 요인으로 유학을 지목하며 비판한다.

3) 사서삼경에서 사서는 『논어(論語)』, 『맹자(孟子)』, 『대학(大學)』, 『중용(中庸)』 4개의 책을 가리키고, 삼경은 『시경(詩經)』, 『서경(書經)』, 『역경(易經: 주역(周易))』 3개의 책을 말한다. 이 책들은 유학을 배우는 이들에게 가장 중요한 책으로서 필수 교과서 같은 책으로 인식되었다.

우리의 두 번째 공부가 조금은 곤란에 처하게 되는 걸까?

그러나 또 다른 한편으로 믿는 구석이 없는 건 아니다. 우리가 어떤 대상에 대한 명료한 지식을 가진 게 아니더라도, 자신도 모르는 사이에 익히고 자연스레 받아들이는 것도 적지 않다. 그것이 바로 우리의 생활세계에 드리우고 있는 문화의 힘이다. 오랜 세월 이루어 온 문화의 일부로서 유학은 우리 삶의 곳곳에 스며들어 지금까지 이어져 오고 있다. 그런 까닭에 아무리 MZ 세대라 할지라도 이미 우리 전통문화 속에 자리하고 있는 유학적 언어와 사유에서 무관할 수는 없다.[4]

실제로 육군사관학교 [이하 '육사'로 약칭함] 생도들의 생활 속에서 자주 거론되는 말 중에도 유학적 배경의 개념이나 가치가 상당수 있다. 내가 생도 때나 지금이나 4학년 분대장 생도들은 가끔 호연지기(浩然之氣)를 기른다며 1학년 생도들을 데리고 화랑연병장이 내려 보이는 자리나 92고지에 올라 큰 목소리로 구령 조정을 시킨다. 사관생도들은 호국의 간성(干城)으로서 조국에 대한 흔들림 없

---

4) 유학은 춘추시대(B.C. 770~403) 말기 공자에 의해 체계화된 사상으로 근 2500여 년의 역사를 거치며 동아시아 일대에 지대한 영향력을 발휘해 왔다. 오래된 역사만큼이나 그 사상은 방대하고 다양한 영역으로 분화하여 발전해 왔다.

우리나라 역사 문헌 기록에서 유학의 시작은 고구려 소수림왕 2년(372년) 태학(太學)을 세운 때로 거슬러 올라간다. 국가 교육기관에서 유학의 경전을 교육한 게 그때이니 실제로는 그 이전에 이미 유학이 전래하여 확산해 왔다고 추정할 수 있다(한국학 중앙연구원 2025). 유학은 불교가 국가의 종교였던 삼국시대, 통일신라시대, 고려시대에도 정치사상으로서 중요한 지위를 차지하였으며, 조선시대에는 사회 전 분야의 지배이념으로 500여 년간 군림하였다. 유학은 우리 역사에서 1500여 년 이상 동안 이어지며 우리네 전통이 된 것이다.

는 부동심(不動心)을 가져야 한다고 교육받는다. 명예를 말할 때 빠지지 않고 강조하는 게 신독(愼獨)이다. 이 밖에도 생도들의 경례 구호는 충성(忠誠)이고, 동기생들과 함께 절차탁마(切磋琢磨)해야 한다는 말을 귀에 못이 박히도록 듣는다. 그리고 육사의 교훈은 지·인·용(智仁勇)이다.

여기서 '호연지기'와 '부동심'은 『맹자』에 나오는 말이고,[5] '절차탁마'는 『논어(論語)』,[6] '신독'은 『중용(中庸)』,[7] 충성에서 '충'과 '성'은 유학의 경전 곳곳에서, '지·인·용'은 『논어』와 『중용』에서

---

5) '호연지기'와 '부동심'은 『맹자(孟子)』「공손추 상(公孫丑 上)」편 2장에 나온다. 해당 내용을 간추리면 아래와 같다.
"나 [맹자] 는 40세에 마음이 흔들리지 않았다. … 중략 … [이후 맹자는 "마음이 흔들리지 않았다"는 '부동심'의 방법을 설명하는 중에 호연지기를 말하게 된다.] 나는 호연지기를 잘 기른다. … 중략 … 호연지기는 의로움을 쌓으면 생겨나는 것이다."

6) '절차탁마'는 『논어』「학이(學而)」편 15장에 나오는 말이다. 원문 내용은 아래와 같다.
자공(子貢)이 물었다. "가진 게 없다고 비굴하지 않고 가진 게 많다고 교만하지 않다면 훌륭하지 않습니까?" 이에 공자께서 답하셨다. "그것도 훌륭하지만, 가진 게 없어도 도를 즐거워하고 가진 게 많아도 예를 좋아하는 사람이 더 훌륭하다." 그러자 자공이 다시 말했다. "선생님 말씀이 바로 『시경(詩經)』에서 말하는 "자르고 다듬고 쪼고 간다. [절차탁마(切磋琢磨)] "라는 말씀처럼 더 공부해야 한다는 뜻이시군요."
위 『논어』의 글에서 보듯, '절차탁마'라는 말의 의미는 원석을 깨고 쪼고 다시 갈고 다듬어서 보석을 만들듯이 훌륭한 사람이 되기 위해서는 그만큼 스스로 갈고 닦는 공부가 꾸준히 이어져야 함을 말하는 것이다.

7) '신독'은 『중용』 1장에 나오는 말이다. 해당 내용은 아래와 같다.
도(道)라는 것은 우리 삶에서 잠시도 떨어질 수 없다. 만약 떨어질 수 있다면 그것은 도가 아니다. 그런 까닭에 군자는 보지 못하더라도 삼가고 조심하며, 듣지 못하더라도 두려워하고 무서워한다. 은밀한 만큼 더 잘 드러나는 게 없고 미미한 만큼 더 잘 나타나는 게 없기에 군자는 그 홀로 삼가는 것 [신독(愼獨)]이다.

발견할 수 있는 개념어다.8) 비록 생도들은 이런 말들이 어디서 연유한 것인지 그 본래 뜻은 무엇이었는지 정확히 알지 못할 수 있지만, 우리가 전통이라고 부르는 시간의 쌓임 속에서 이어져 온 의미들을 현재 자신들이 처한 상황 안에서 나름대로 받아들이며 사용하고 있는 셈이다.

이처럼 지금의 젊은 세대들에게 유학은 멀고도 가까운 것이다. 생도들이 사서삼경을 정확히 모를 수는 있다. 하지만, 오히려 그들이 지금 부지불식간에 말하고 행동하던 바가 처음에는 어떻게 시작했으며 현재에는 그것의 의미가 어떤 차이를 가지는지 분별하게 된다면, 그 자체로 우리 전쟁 공부의 본래 취지인 자신의 앎을 검토하는 작업이 되지 않을까 싶다.

1-2. 전통이라는 과거, 그리고 현재와 미래

우리 삶을 구성하는 커다란 축 중 하나가 시간이다. 현대인으로서 우리는 매일 수첩, 달력, 일정 관리 앱 등에 시간을 빼곡하게 정리해 두고, 벽시계나 휴대폰을 통해 반복해서 시간을 확인한다. 시간

---

8) '지·인·용'은 『중용』과 『논어』에서 볼 수 있다. 해당 내용은 아래와 같다.
공자께서 말씀하셨다. "군자의 도에는 3가지가 있는데, 나는 하나도 잘하는 것이 없다. 3가지란 어진 자는 근심하지 않고, 지혜로운 자는 의혹에 빠지지 않고, 용감한 자는 두려워하지 않는 것이다." (『논어』「헌문(憲問)」 30)
지인용 3가지는 세상의 보편적인 덕이니, 이를 행하는 것은 한 가지로 귀결된다. (『중용』 20)

을 하나의 흐름으로 보면, 시간은 과거, 현재, 미래로 이어진다. 시간을 3가지로 나눌 수 있다고 해서 3가지를 균등한 비중으로 의식하는 것은 아니다. 오늘날에는 미래를 더욱 중시하는 것 같다.

2015년 방영되어 큰 인기를 끌었던 「응답하라 1998」은 내가 생도 1학년이던 1988년을 배경으로 만들어진 드라마인데. 1998년이 아주 먼 옛날이야기처럼 아득하고 아련하게 그려졌다. 하기야 10년 전 기술은 현재에 아무짝에도 쓸모없을 퇴물처럼 뒤처지는 속도의 시대에, 시즌별로 달라진 디자인과 향상된 품질의 상품이 업데이트되어 쏟아지는 새로움의 시대에 30년도 더 지난 1988년은 그렇게 먼 게 당연한지도 모르겠다. '첨단'과 'new'[9]라는 이름이 앞세워지고, 무한정의 발전과 성장이 미덕이자 믿음인 세계 속에서 과거는 점점 더 힘을 잃어갈 게 분명하다. 요즘 현재는 미래를 좇느라 과거를 놓쳐 버린다.

우리는 현재를 산다. 과거는 이미 지나갔으니 다시 살 수 없고, 미래는 아직 오지 않으니 미리 살 수 없다. 그렇다면, 우리의 '현재'는 언제인가? 곰곰이 따져보면 우리가 현재라 말할 수 있는 것은 '당장(當場)', '지금'이라는 찰나에 불과하다. 현재는 '바로 지금 여기'이다. 그러나 바로 지금 여기라 했던 현재는 잠시도 멈추지 않고 '잠깐 이따가 저기'인 미래로 나아간다. 대번에 '바로 지금 여

---

9) 'new'는 어원상 '처음으로 만들어진', '최근에 만들어진', '옛것과 다른' 등의 의미로 해석된다(Douglas Harper 2025 | 출처: https://www.etymonline.com/word/new). 여기서 '옛것과 다른'이라는 말에서 보듯이, 'new'는 과거와의 차별화에 그 의미의 특질이 있다.

기'였던 현재는 '방금 아까 거기'인 과거가 되어버린다. 이렇게 생각하면, 현재는 하나의 무한한 직선인 시공간 위에서 바로 지금 여기라는 한 점에 불과해 보인다.

정확히 1초씩 움직이는 물리적 시간을 말한다면, 현재는 한 점에 불과하다는 말이 틀린 말은 아니다. 그러나 우리는 현재를 그렇게 순식간의 점으로 인식하며 생활하는 것 같지는 않다. 우리의 삶에서 과거, 현재, 미래의 시간은 원자처럼 서로 분리되어 별개로 경험되지 않는다. 우리의 현재는 과거와 미래 없이 존재할 수 없고, 과거와 미래 역시 우리의 현재 없이 존재할 수 없다.

우리는 현재를 산다. 산다는 건 무언가 한다는 말이다. 무언가 한다는 행위에 있어 중요한 요소는 선택이다. 누울지 설지, TV를 볼지 유튜브를 볼지, 집에 있을지 친구를 보러 나갈지, 공부할지 게임 할지… [심지어 아무런 선택도 하지 않는 것도 선택이다.] 우리는 A를 하겠다는 선택에 뒤이어 A를 한다. 선택은 미래를 향해 행하는 것이다. 따라서 무언가 선택할 수 있는 우리의 현재는 미래에의 가능성 없이 존재할 수 없다. 가능성으로서 미래에 대한 기대가 없다면 우리의 현재는 성립 불가능하다. 미래의 가능성이 소멸하고 모든 기대가 불가능한 게 죽음이 아닌가?

현재에 미래의 가능성이 우리에게 열려 다가오고 우리는 선택한다. 그런데 선택하는 현재 우리는 이미 살아왔던 과거를 통해 지금의 우리가 되어있다. 즉 우리의 현재는 미래에 문이 열려있음과 동시에 과거를 향해서도 문을 열고 있다. 미래를 향한 현재의 기대는 이제껏 살아왔던 현재의 내가 한다. 만약 당신이 하루아침에 지금껏 살아오며 경험하고 배웠던 모든 기억을 잃는다고 가정해 보라. 그렇다면, 당신이 할 수 있는 것은 무엇일까? 당신이 산다는 건 어떤 모습이 될까? 과거로부터 지금에 이르게 된 현재와 그러한 과거 없는 현재가 같을 수는 없다.

이처럼 우리의 현재는 앞으로 존재할 가능성에 대한 지금이고, 이미 존재해 왔던 것의 지금이다. 현재에는 이미 과거가 밀려 들어와 있고, 벌써 미래가 쏟아져 들어와 있다. 현재는 순식간의 점이 아니라 과거라는 기억과 미래라는 기대가 함께 하는 기나긴 장(場)이다.10)

위와 같은 시간 이해의 견지에서 보면, 우리는 두 가지 정도를 유념할 필요가 있다. 첫째, 우리는 미래만큼이나 과거를 균형 잡힌 시각으로 볼 필요가 있다. 둘째, 현재는 과거와 미래와 상호교차하는 가운데에서 유동한다.

먼저 첫째는, 이미 위에서 어느 정도 설명했듯이, 비록 속도의 시대, 'new'를 외치는 시대는 미래에 빠져 과거를 경시하기 쉽지만, 오히려 우리의 현재는 미래만으로 성립할 수 없기에 과거를 도외시하는 태도를 경계해야 한다는 말로 간략히 정리할 수 있을 듯

---

10) 하이데거(Martin Heidegger)는 물리적 시간과 구별하여 우리 실존이 경험하는 시간을 '시간성'으로 개념화한다. 그에 따르면, "현존재는 본래적으로 도래적이면서 본래적으로 존재해왔음으로 존재한다." 즉 실존으로서 우리는 우리에게 다가오는 [도래(到來)] 미래와 이미 존재해왔음 [기재(旣在)]의 과거가 겹치는 현재에서 결단하는 존재이다(마르틴 하이데거 2005, 431-433). 그의 견해에 따른다면, 우리가 사는 현재는 끊임없이 과거와 미래와 함께 하는 하나의 때인 것이다.

하다.

두 번째 유념할 점에 관해서는 구체적인 사례를 통해, 특히 과거에 초점을 맞추어, 좀 더 길게 설명해 보도록 하겠다. 앞의 「1-1. 멀고도 가까운 유학」 서두에서 공자가 사느냐 죽느냐로 시끄러웠던 때가 있었다고 했다. 해당 사건에서 부정할 수 없는 사실은 유학 전통을 매우 부정적으로 비판한 견해가 있었다는 사실이다.

그런데 유학이 우리 역사와 문화에 부정적인 영향을 많이 끼쳤다는 주장이 비단 1990년대 말에 처음 나타난 것은 아니다. 좀 더 거슬러 올라가면 일제에 나라를 빼앗기고 망국의 현실을 통절하게 반성하던 구한말 지식인들에게서 이런 생각을 찾을 수 있다. 당시 지식인들은 조선이 나라를 잃는 비극을 맞은 이유 중 하나로 세계 정세와 시대 흐름에 동떨어진 성리학(性理學)[11] 체제에 고착되었다는 점을 꼽았다.[12]

---

11) 유학의 역사적 전개 과정에서 송나라 시대에 발전한 유학을 가리킨다. 그 명칭에서 알 수 있듯이 성(性)과 리(理)를 핵심 개념으로 삼아 유학 사상을 형이상학적으로 체계화하였다. 송나라 시대의 학문이라 하여 송학(宋學)이라고도 하고, 당대의 논의를 집대성한 인물로 평가받는 주희(朱熹. 1130년~1200년)의 이름을 딴 주자학 ['주자(朱子)'는 주희를 존칭하는 이름이다.]으로 불리기도 한다.

12) 대표적으로 1930년대에 일어난 '조선학 운동'을 들 수 있다. 일제 강점기 지식인들은 전근대에서 근대로 이행하는 과정에서 우리 전통 내에서도 근대성을 지향하는 의식이 자생적으로 자라고 있었다는 사실을 확인하고자 했고, 조선 후기 일련의 학자들로부터 나타나는 사상적 경향을 '실학(實學)'으로 차별화하며 발굴했다. 오늘날 우리에게 너무나 유명한 다산(茶山) 정약용(丁若鏞)은 그 과정에서 재조명된 대표적인 인물 중 한 사람이다. 이와 같은 조선학 운동에서의 성리학 비판과 실학에 대한 담론의 형성은 조선 망국을 서구적 근대화에 뒤늦은 데 기인한 것으로 보고, 서구적 근대성에 초점을 맞춰 조선 성리학을 평가한 데 따른 결과라고 할 수 있다(조은영 2012, 2-6).

그런데 조선 시대가 막을 내린 이후 줄곧 유학 사상에 대한 부정적인 평가만 있었던 것은 아니다. 1980년대를 전후하여 동아시아 국가들의 눈부신 경제성장은 세계의 눈길을 사로잡게 되었다. 이에 대해 다수의 학자가 여타의 제3세계 국가들과 달리 동아시아 국가들이 공통으로 발전한 원인이 그들이 공유하고 있던 유학 전통에 있다는 주장을 제기하게 된다. 그리고 우리나라를 비롯하여 일본, 중국 등 동아시아 국가의 학자들 사이에서도 동아시아의 자본주의 발전에서 유학이 차지하는 역할의 중요성을 재평가해야 한다는 목소리가 높아지게 되었다. 이른바 '유교 자본주의론'이 그것이다.[13)]

여기서 눈여겨볼 점은 공자가 죽느냐 사느냐 논란이 되던 즈음에 현대 자본주의 사회에서 유학 사상이 중요한 역할을 할 수 있다는 긍정적인 평가의 목소리가 공존했다는 점이다. 우리는 때로 우

---

13) 김홍경에 따르면, 20세기 후반 한국, 대만, 홍콩, 싱가포르의 급격한 경제성장은 세계를 놀라게 했다. 이와 같은 동아시아 경제 현상을 이해하는 데 있어 허만 칸(Herman Kahn)과 피터 버거(Peter L. Berger) 등을 위시한 일군의 서양 학자들은 정치적·경제적·지리적 요소보다 사회적·문화적 요소에 집중하게 된다. 그 과정에서 주목하게 된 것이 유교 윤리였다. 이는 이전 시대에 유교가 중국의 자본주의적 성장을 저해한다는 막스 베버(Max Weber)의 생각을 뒤집는 평가였다. 이들이 '유교 자본주의'라는 용어를 직접 사용하지는 않았지만, 이후 '유교 자본주의론'과 밀접한 관련이 있는 견해였다는 점은 틀림없는 사실이었다(김홍경 1999, 11-14).

'유교 자본주의'라는 용어는 모리시마 미츠오(森嶋通夫)가 1978년 처음 사용한 것으로 알려져 있다. 이 용어는 동아시아 자본주의 발전과 유교의 상관성을 긍정적으로 평가하는 '유교 자본주의론'이란 이름으로 이어졌고, 1990년대를 전후해서 중국, 일본, 그리고 우리나라에서도 해당 담론이 활기를 띠게 된다(윤원현 2004, 213-214).

리 역사 속 전통인 유학을 부정적으로 평가하고 비판하기도 하지만, 때로 긍정적으로 옹호하며 칭찬하기도 한 섬이다. 즉 1930년대 조선학 운동론자의 현재에서 바라본 과거·미래와 1990년대 유교 자본주의론자의 현재에서 바라본 과거·미래는 같지 않았다. 그리고 같은 1990년대라도 공자가 죽어야 한다고 비판한 학자의 현재와 거기서 바라본 과거·미래는 유교 자본주의론자들과 또 달랐다. 바꾸어 말하면 그들이 처한 현재에서의 과거·미래에 따라 그들의 현재 인식도 달라졌다.

우리는 과거, 미래와 연관하여 현재를 성찰하기도 하지만, 우리의 현재에 따라 과거를 재평가하고 미래에 대한 전망을 바꾸기도 하는 것이다. "역사란 역사가와 그의 사실들의 지속적인 상호작용의 과정, 현재와 과거의 끊임없는 대화"(E. H. 카 2015, 50)라고 한 역사학자 카(E. H. Carr)의 말은 현재가 과거[와 미래][14]와의 상호작용 속에서 해석 주체에게 어떻게 유동할 수 있는지 음미케 한다.

1-3. 전통이라는 시간의 힘

앞의 2절에서 나는 현재와 과거, 그리고 미래가 맺고 있는 시간성의 관점에서 무한정의 발전이 가능한 미래를 믿고 그리로 내달리는 듯한 우리의 시대에도 전통이라는 과거가 중요하다는 점을 환

14) 카는 역사학자로서 과거와 현재의 상호성만 언급했지만, 시간성의 관점에서 이를 미래로도 확장해서 볼 수 있을 것이다.

기시켜 보았다. 이제 여기 3절에서는 시간의 가치를 좀 더 강조하고자 한다.

20세기 가장 유명한 유대교 신학자 중 한 사람으로 꼽히는 아브라함 헤셸(Abraham J. Heschel)은 공간이 아닌 시간이야말로 더욱 신적인 것이라고 말한다.[15] 시간이 우리 삶에서 더욱 본질적이고 중요한 것이라는 뜻이다. 그는 다음과 같이 말한다.

> 1) 기술 문명은 인간이 공간을 정복하여 이루어낸 것이다. 그것은 종종 실존의 본질적 요소인 시간을 희생하여 이룩한 위업이다. **기술 문명 속에서 우리는 공간을 점유하기 위해 시간을 들인다. 우리는 공간의 세계에서 우리의 힘을 증대하는 것을 목표로 삼고 있다.** 하지만 더 많이 소유하는 것이 더 많이 존재하는 것을 의미하지는 않는다. … 중략 … **시간의 영역에서는 소유가 아니라 존재가** … 중략 … **정복이 아니라 조화가 목표다**. 공간을 지배하고 공간의 사물을 획득하는 것이 우리의 유일한 관심사가 될 때, 삶은 망가지고 만다. (아브라함 헤셸 2007, 41-42)

아브라함 헤셸에 따르면, 기술 문명은 이 세계에 대한 인간의 위업을 선명히 보여준다. 그러나 기술 문명은 시간보다는 공간을 점

---

15) 아브라함 헤셸은 다음과 같이 말한다.

카도쉬 [*qadosh*: 거룩한] 라는 고귀한 단어는 창세기에서 단 한 번 사용되었다. 이 단어는 창조 이야기가 끝나는 대목에서 처음 사용되었다. "하나님께서 일곱째 날을 복되게 하시고 거룩하게 하셨다." [창세기 2장 3절 중] 라는 말씀에서 보듯이, 이 단어가 시간에 적용되었다는 것은 실로 의미심장한 사실이다(아브라함 헤셸 2007, 51).

유하고 획득하고 개발하는 데 열을 올린다. 공간적인 것은 시간과 달리 힘, 소유와 획득, 정복과 지배라는 우리의 욕망과 결탁한다. 시간을 대가로 공간만을 얻고자 할 때 우리의 존재와 삶은 위험해진다. 기술 문명의 시대에 우리가 빠져있는 문제는 공간을 목적으로 우리의 시간을 쓴다는 데 있다. 공간을 더 우선하느라 더 본질적인 시간을 경시한다는 말이다.

어쩌면 인간이 공간에 마음을 빼앗기는 것은 좀 더 자연스러운 일인지도 모르겠다. 시간에 속한 것은 눈에 띄지 않지만, 공간에 속한 것은 쉽게 사람들의 눈길을 사로잡기 때문이다. 커다랗고 으리으리한 건축물, 금은보화나 돈, 큰 힘을 갖는 자리, 화려한 트로피와 같은 상 등등. 사람들이 추구하거나 욕망하는 것들이 '지위(地位)'나 '소유물(所有物)'과 같은 공간적인 개념어로 표현된 게 우연은 아닌 것 같다.[16]

더구나 우리 시대는 끝없는 발전의 미래를 경쟁하면서 좀 더 낫게 좀 더 빨리 앞서가고자 한다. 그래서 효율이 미덕이 된다. 효율을 앞세우는 경제적 사고 아래에서 시간은 덜어야 할 짐에 불과하

16) '지위'라는 단어는 땅을 의미하는 '지(地)'와 자리를 뜻하는 '위(位)'가 결합해 있고, '소유물'에서 '소(所)'는 장소와 자리를 뜻하고 '물(物)'은 공간을 점유하는 어떤 것을 가리킨다.

영어로 봐도 지위는 'position'이고, 소유물은 'possessions'이다. 전자는 place라는 장소 개념과 밀접하고, 후자의 경우 어원상 hold, occupy, inhabit 등의 의미이다. 이를 보면 영어에서도 공간적 개념을 내용으로 한다는 데에는 차이가 없음을 알 수 있다(Douglas Harper 2025).

(출처: https://www.etymonline.com/search?q=position 및 https://www.etymonline.com/word/possess#18521)

다. 효율적 성과를 위해서 시간은 가장 적게 들수록 좋다고 생각한다. 그래서 우리 일상 주변에도 그런 생각들이 넘쳐난다. “단 며칠만 써보세요~”, “단기 속성 30일 완성”과 같은 부류의 말들이 그 예이다. 그러나 어떤 일이든 단기간에 쉽게 이룰 수는 없다. 정말 단기간에 쉽게 완성되는 일이라면, 그 일은 그만큼 대단하지 않은 간단한 일이거나 고도의 능력이 요구되지 않는 일일 가능성이 크다.

나는 시간의 힘을 믿는다. 시간이 쌓이면 달라진다. 1학년 때만 해도 3km 달리기를 15분 30초 안에 주파하기 힘들던 생도들이 4학년 졸업할 때에는 12분 30초 이내로 거뜬히 달리게 된다. 생도 생활 4년 동안의 시간이 이런 변화를 가져오는 것이다. 내가 생도 때는 어려워서 못 읽겠다고 포기했던 책을 석사, 박사 과정 10여 년을 거치며 수많은 글을 읽고 난 뒤에 다시 보았을 때는 어렵지 않게 끝까지 읽을 수 있는 마법을 경험하게 되었다.

전통이란 단순히 과거를 지칭하는 이름이 아니다. 시간이 오래도록 켜켜이 쌓아 올려져 생기는 게 전통이다. 물론 전통이라는 시간의 쌓임은 달리기 시간이나 책 읽는 시간이 쌓이는 것과 비교할 수 없이 크고 복잡한 일이다. 그리고 앞의 유학에 대한 평가의 갈림에서도 보듯, 그 시간의 쌓임이 어떤 현재에서나 늘 좋거나 혹은 늘 나쁘거나 한 것도 아니다. 내가 강조하고 싶은 점은 그 쌓인 시간 자체가 어떤 힘을 갖는다는 점이다. 예를 들어 조선 유학 전통이 갖는 도덕주의적 특성은 우리에게 체면과 허례허식의 힘을 발휘하기도 하지만, 국난의 때에 부당한 세력이나 위기에 맞서 국민이 결집하여 싸우는 정의감으로 발동하기도 한다. 그러므로 전통이라는 시간의 힘이 우리의 현재에 어떻게 작동하는지 우려하기도 하고 또 어떻게 작동하게 할지 조심스레 살피기드 해야 한다.

예전에 조직의 혁신을 논의하는 어떤 회의에 참여한 적이 있다. 나름 한마디 한다고 공자의 일화를 이야기하며 의견을 내었는데, 어떤 이에게 미래 혁신을 논하는 데에 왜 수천 년 전 공자 이야기를 꺼내냐며 면박을 당한 적이 있다. 그러나 과연 옛것과 단절할 만큼 오직 좋기만 한 새것이 있을까? 그렇게 좋은 새것이 있다손 치더라도 옛것과 어떻게 떼어서 그 새것만 붙잡을 수 있을까? 옛것을 떼어 놓으려 하는 만큼 옛것이 우리와 얼마나 밀착해 있는지 반증하는 셈이 아닐까?

공자는 '온고이지신(溫故而知新)'[17]이라 했다. 옛것을 익혀 새것을 안다는 뜻이다. 공자는 '옛것'과 '새것'을 긴밀한 관계 속에서 파악해야 한다고 말한 것이다. 앞 절에서 말했듯이, 우리의 현재는 옛날과 새날이 공존하는 지금이다. 우리는 늘 이런 현재를 살 수밖에 없기에 앞만 보고 달리는 시대에 지금껏 달려온 길을 되돌아봄으로써 갈 길을 잃지 않게 된다. 역사 공동체로서 한 사회 혹은 민족이 쌓아 올린 시간인 전통을 새 것을 위해 성숙하게 성찰해야 할 옛것으로 잘 돌보아야 한다. 그런 점에서 유학이라는 전통의 맥락에서 전쟁을 살피려는 우리의 작업 또한 유의미한 작업이 되리라 본다.

---

17) 『논어』 「위정(爲政)」 11.

2장

유학과 전쟁

2-1. 맹자, 인간을 믿다

유구한 역사를 자랑하는 유학을 어떻게 소개해야 할까? 한마디로 요약하기는 불가능하지만, 우리가 살필 『맹자』에 초점을 맞추어 유학 사상의 대표적인 주장 중 한 가지를 언급하는 게 좋을 것 같다. 바로 성선설(性善說)로 널리 알려진 유학이 인간을 바라보는 시선이다.

얼마 전부터 내가 제법 좋아하는 말이 있다. "내가 돈이 없지 가오가 없냐?"라는 말이다. 이 말은 약 10년 전에 개봉해서 크게 히트한 영화 『베테랑』 속 주인공이 말한 대사를 듣고 알게 되었다. '가오'는 원래 얼굴을 뜻하는 일본어에서 온 말로 체면이나 허세를 뜻하지만, 영화 대사에서는 자존심 혹은 자긍심이라는 뜻에 가깝다(정아람 2015). 돈은 우리의 욕망을 즉각적으로 충족시켜 줄 수 있는 수단이다. 그러나 주인공은 사람에겐 그런 돈, 즉 욕망과 교환할 수 없는 '가오'가 있다고 말한 것이다. 그런데 인간에게 이런

'가오'가 있다고 역설한 것이 바로 유학이다. 맹자의 말로 바꾸면, 욕망에 굴복하지 않는 인간의 '가오'란 인간의 선한 도덕적 본성을 가리킨다.

맹자가 성선설(性善說)을 주장했다는 사실은 많은 이들에게 상식이다. 문자 그대로 풀면 사람의 본성이 선하다는 뜻이다. 그런데 이 말이 정확히 무엇을 의미하는지 그 본의를 약간 엇나가게 이해하는 경우가 많다. 예를 들어 사람이 애초에 선하게 태어나서 선하게 살아간다는 주장으로 성선설을 이해하는 식이다.

'성선'에서 '선'이란 곧 도덕의 문제를 가리키는 것이니 맹자가 말하는 '성선'이란 인간의 본성이 도덕적이라는 말이 된다. 즉 '선'이라는 말로 요약되는 도덕과 관계된 것들에 대한 인식, 정감, 판단과 그에 따른 행위 등은 인간이 후천적으로 학습하여 경험함으로써 가능하게 되는 게 아니라 선천적으로 갖추고 있는 본성에 의해 가능한 것이라는 뜻이다. 인간이 도덕적 본성을 가졌다고 삶의 현실에서 선하지 못하거나 심지어 악해짐을 부정하는 건 아니다. 본성이 선하더라도 그것을 현실에서 실현하고 실천하는 과정에서 괴리가 발생할 수 있기 때문이다.[18)]

『맹자』「고자(告子)」편에는 인간의 본성이 인간 이외의 다른 존재 [특히 동물] 와 같은지 다른지 맹자가 고자와 논쟁하는 내용이 나온다. 오늘날 우리는 인간을 동물이라는 말로 표현하는 데 어색해

---

18) 따라서 유학에서 강조하는 수양, 즉 공부는 그러한 괴리를 극복하기 위한 노력으로 이해할 수 있다.

하지 않는다.[19] 사회적 '동물'이라느니 경제적 '동물'이라느니 하는 말을 곧잘 쓴다. 이게 다 다윈(Charles R. Darwin)의 덕분인 걸까? 그런데 맹자 시대에도 인간과 동물이 크게 다르지 않다는 생각은 존재했다. 그러나 맹자는 인간과 동물이 비슷하지만 다르다는 사실에 방점을 두고, 인간과 동물이 왜 다른지 밝히는 데 큰 노력을 기울였다.

맹자는 다음과 같이 말했다.

> 2) 맹자께서 말씀하셨다. "사람이 동물과 다른 게 얼마 되지 않는다. **그 다른 것을 군자가 아닌 사람은 잃어버리고 군자인 사람은 지킨다**."[20]

맹자에 따르면, 사람과 동물은 대체로 비슷한데 일부만 다르다. 유학에서 말하는 훌륭한 사람인 군자는 그 다르다는 것을 잃지 않고 잘 보존하는 사람이다. 이미 예상했겠지만, 맹자가 인간이 동물과 다르다고 말하는 부분이 도덕적 본성이다. 이와 대비하여 고자

---

19) 엄밀히 말하면, 최근에는 인간을 동물과 비교하던 데에서 한 걸음 더 나아갔다고 할 수 있다. 과거 인간 존재는 신과 비교되던 때가 있었고, 그 이후 동물과 비교되다가 요즘은 사물(thing)과 비교되는 시대가 되었다. 최근 사람 같은 AI를 장착한 로봇, 기계 몸을 가진 인간 등 '포스트휴먼(posthuman)', '트랜스휴먼(transhuman)' 논의는 사람과 사물의 경계까지 점점 희미해지고 있음을 보여준다. 그렇다면 미래에는 인간을 사물이라고, 혹은 사물을 인간이라고 말하는 시대가 도래하게 될까?
"인간의 본성과 동물의 본성은 같은가 다른가?"라는 맹자의 이 논쟁은 수천 년 전의 논쟁이지만, 인간과 인간 이외 존재 사이의 같고 다름을 고민하는 질문으로서 21세기를 맞은 현대사회에서도 여전히 유효한 질문임을 알 수 있다.

20) 『맹자』 「이루 하(離婁 下)」 19.

의 주장은 어떻게 다른지 보자.

3) 고자가 말하였다. "**생(生)을 본성**이라고 한다."[21)]

4) 고자가 말하였다. "**식색(食色)이 본성**이다."[22)]

고자가 말한 '생'과 '식색'은 꼭 들어맞는 번역어를 찾기가 쉽지 않다. 좀 더 풀어서 이해할 수밖에 없다. 주자(朱子)는 '생'과 '식색' 두 단어를 모두 '지각(知覺)'하고 '운동(運動)'하는 활동을 가리키는 것이라고 해석했다.[23)] 현대적인 개념으로 보면, '생'은 생명체가 태어날 때부터 갖게 되는 자연적 성질 혹은 본능이라고 할 수 있고, '식색'은 각각 식욕과 성욕으로서 생명체의 생존 본능 혹은 생명보존 욕구로 이해할 수 있다(김성인 2018, 197-199). 고자는 인간의 생물학적 본능 혹은 자연스러운 욕구나 성질과 같은 자연상태를 인간의 본성으로 보는 셈이다. 그러나 맹자는 인간에게 그런 특성이 없는 것은 아니지만, 그것을 인간의 본성이라고 하지 않는다고 주장한다.[24)]

---

21) 『맹자』「고자 상(告子 上)」 3.

22) 『맹자』「고자 상」 4.

23) 주자의 주석은 다음과 같다.

「고자 상」 3장에 대한 주석: "'생(生)'은 사람이나 동물이나 지각하고 운동하는 것을 가리켜 말한 것이다."

「고자 상」 4장에 대한 주석: "고자는 사람이 지각하고 운동하는 것을 사람의 본성으로 여겼다."

24) 맹자는 다른 곳에서 이에 대해 다음과 같이 말했다.

입이 맛을, 눈이 색을, 귀가 소리를, 코가 냄새를, 팔다리가 편안함을 좇는 것은 [지각·운동의; 자연적] 본성이지만 … 중략 … 군자는 이를 본성이라고

5) 맹자께서 말씀하셨다. … 중략 … "생명(生)도 내가 원하는 바이고 의로움(義)도 내가 원하는 바이다. 이 두 가지를 동시에 얻을 수 없다면, 생명을 버리고 의로움을 취하겠다. **생명은 내가 원하는 바이지만, 생명보다 더 원하는 것이 있다**. 그러므로 구차하게 생명을 부지하려고 하지 않는 것이다. **죽음(死)도 내가 싫어하는 바이지만, 죽음보다 더 싫어하는 것이 있다**. 그러므로 환난이 오더라도 피하지 않는 것이다. 만약 사람이 생명보다 더 원하는 것이 없으면 어떻게 해서든 생명을 지키려고 하지 않겠는가? 만약 사람이 죽음보다 더 싫은 것이 없으면 어떻게 해서든 죽음을 피하려고 하지 않겠는가? … 중략 … **그러므로 생명보다 더 원하는 것이 있고 죽음보다 더 싫은 것이 있으니** … 중략 … **사람마다 이런 것을 모두 가지고 있지만, 현자(賢者)[25]가 이것을 잃지 않을 뿐이다.**"[26]

생명과 죽음에 관한 욕구는 생명체로서 인간 존재가 갖는 자연스러운 욕구이다. 서양 근대 철학자들은 생명을 가진 존재로서 인간의 자기보존 욕구를 가장 기본적인 자연상태로 전제했다.[27] 그

하지 않는다(『맹자』「진심 하(盡心 下)」 24).

25) 맹자가 어디에서는 '군자'를 어디에서는 '현자(賢者)'를 쓰고 있지만, 넓은 의미에서 현대어로 모두 '훌륭한 사람'으로 이해하면 될 듯하다.

26) 『맹자』「고자 상」 10.

27) 대표적으로 홉스(Thomas Hobbes)는 그의 저서 『리바이어던』에서 인간의 사회상태와 자연상태를 구분한다. 그에 따르면, 인간은 자신의 생명을 보존하기 위해 자기 뜻대로 힘을 사용할 수 있는 자유를 갖는다. 그런데 자연상태에서는 상호 간 불신 속에서 이루어지는 경쟁이 벌어지게 되고, 그 과정에서 예상되는 각종 위협으로부터 자신을 안전하게 보존하려는 만인에 대한 만인의 전쟁상태에 이르게 된다. 따라서 만인 위에 압도적 공통 권력을 세우고 질서를 구축해야 하는데, 그것이 바로 리바이어던이고 사회상태이다(토마스 홉스 2016, 168-176).

러나 위 인용문에서 보듯 맹자는 이러한 자연상태를 뛰어넘는 게 인간 안에 존재한다고 본 것이다.[28]

이런 질문을 들어본 적이 있을 것이다. "사람은 먹기 위해 사는가? 살기 위해 먹는가?" 사람은 누구나 먹어야 살고 먹지 않으면 죽는다. 먹을 것은 우리의 생사와 관련된 문제이다. 그러나 누구도 선뜻 우리 인생의 목적이 먹는 데 있다고 동의하지는 못할 것이다. 아무리 배고파도 나를 짐승처럼 취급하며 땅에 굴러다니는 음식이나 먹으라고 한다면 그 음식을 쉬 먹을 수 있을까? 억만금을 준대도 내 부모와 자식을 팔 수 있을까? 왜 어떤 이는 사랑하는 사람을

28) 맹자가 인간을 파악하는 방식은 인간이 가진 특성 전체를 종합적으로 설명하는 방식이 아니라 인간만이 고유하게 가진 특성을 본성으로 구별하는 방식이다. 이와 관련해서 다산(茶山) 정약용(丁若鏞)의 설명을 소개하여 이해를 돕고자 한다. 다산은 다음과 같이 말한다.

대체로 기질의 ['육체적'이란 뜻으로 이해하면 비슷하다.] 욕망은 사람이 본래 가지고 있는 것이지만 절대로 그것을 사람의 본성이라고 하지 않는다. 어째서인가? 존재의 수준은 4개로 나눌 수 있는데, 순자(荀子)가 말하기를 "물과 불에는 기(氣)는 있지만, 생명(生)은 없다. 풀과 나무에는 생명은 있지만, 지각(知)은 없다. 동물은 지각은 있지만, 도의(道義: 도덕성)는 없다. 사람은 기, 생명, 지각, 도의를 모두 갖추고 있다. 이것이 바로 사람이 존귀한 존재인 이유이다."라고 했다. … 중략 … 사람이 비록 운동과 지각을 지니고 있지만, 운동과 지각 위에 도의의 마음이 있어서 그런 지각·운동을 주관한다. 그러므로 사람의 본성을 말할 때 도의를 중심으로 말하는 것이 옳겠는가, 운동과 지각을 아울러 말하는 것이 옳겠는가?
(『맹자요의(孟子要義)』「고자 상: 공도자왈고자왈성무선무불선장(告子 上: 公都子曰告子曰性無善無不善章)」 | 정약용 1994, 331.)

인간 안에는 '기(氣)'라는 물리적 질료를 갖춘 특성이 있고, 거기에 생명 현상이 있고, 고등생물로서 지각하고 운동하는 특성까지 있다. 게다가 인간은 이러한 특성 위에 한 가지 더 소유한 게 있는데, 그것이 바로 '도의(道義)', 즉 도덕적 본성이다. 따라서 다산은 다른 동물과 달리 인간만이 소유한 도덕성을 중심으로 인간 본성을 말하는 맹자가 옳다고 긍정한다.

위해 죽기를 두려워하지 않을까? 왜 일제하 독립투사 중 많은 분이 비굴하게 호의호식하느니 끝까지 고문을 당하며 목숨을 잃더라도 뜻을 굽히지 않았을까? 왜 6.25 전쟁 당시 많은 군인이 북괴의 전차에 맨몸으로 수류탄과 박격포탄을 들고 달려들었을까?

『베테랑』 속 주인공이 부정한 돈을 거부하고 지키고자 한 '가오'가 바로 맹자가 인용문 2)에서 말한 군자가 지켜 보존하려는 것, 여기 5)에서 현자가 잃지 않으려는 것을 떠오르게 하지 않는가? 인간이 차마 구차히 살 수 없는 것, 차라리 죽음을 택할 수 있는 것은 생과 사라는 생물학적 욕구와 그로 인한 욕망에 매몰되지 않는 '의로움(義)'을 추구하는 인간의 본성 때문이다.[29]

그런데 여기서 한 가지 의문을 제기할 수 있다. 분명 우리 세계에는 생사를 뛰어넘는 가치가 존재하고, 그를 위해 목숨을 걸고 죽음을 불사하는 사람들이 있다. 그러나 그렇게 사는 모습은 인간에게 너무 높은 기준이 아닐까? 인간 안에 고귀한 도덕적 본성이 존재한다는 점을 인정한다손 치더라도, 실제로 그러한 본성대로 살 수 있다고 혹은 그렇게 살아야 한다고 쉽게 주장할 수 있는 것은 아니다. 우리 현실에서 보면, 생사를 초월하며 사는 사람은 소수에 그치고 대개 자신의 이해관계에 따라 이기적 욕망을 따르기 쉬운

---

29) 맹자의 성선설에도 여러 논란과 의문이 있다. 여기에 다 소개하지는 않았지만, 고자와의 논쟁에서 피력한 맹자의 주장 중에는 논리적 비약이 심한 부분도 있다. 하지만 그의 본성 개념은 고자와 같은 '생(生)'이라는 사실 차원의 구조를 말하는 게 아니라 '심(心: 마음, 정신)'이라는 인간 실존 차원에서 도덕 가치의 실천 능력을 말하는 것으로서 인간 삶에서의 가치 경험과 도덕 생활을 설명해준다(원보신 2012, 69 및 86-97).

게 보통의 모습 아닌가?

그러나 여기서 다시 한번 생각을 뒤집어 보자. 맹자가 살던 시대는 전국시대(戰國時代)다. 말 그대로 나라들끼리 전쟁을 일삼던 시대다. 맹자는 자신의 시대를 다음과 같이 말한다.

> 6) 맹자께서 말씀하셨다. … 중략 … "하물며 [군주가 맹자가 말하는 올바른 정치인 왕도정치를 펴지 않고 패도정치를 펴는데 그에 편승해서 그런] 군주를 위하여 영토를 확장하려고 억지로 전쟁을 벌여 죽은 사람이 들에 가득하며, 성을 빼앗으려고 억지로 전쟁을 벌여 죽은 사람이 성에 가득하게 하는 짓은 어떻겠는가? 이는 이른바 "땅 때문에 사람 고기를 먹는다." 하는 것이니 그 죄는 죽음으로도 갚을 수 없다."30)

> 7) "지금은 백성의 생업을 마련해준다고 하지만, 위로는 부모를 충분히 봉양할 수 없고, 아래로는 처자식을 충분히 먹여 살릴 수 없으니, 풍년에도 1년 내내 고생하고 흉년에는 죽음을 면하지 못한다."31)

전쟁은 보통의 삶이 파괴되고 수많은 사람이 죽고 다치고 생이

---

30) 『맹자』 「이루 상」 14.
여기 인용문 6)은 Ⅱ부 1장의 인용문 24)에서 전후 내용까지 포함한 좀 더 긴 인용문으로 다시 인용할 것이다. 그리고 번역어 사용에 있어서 조금 차이가 있을 것이다. 여기서는 논의의 전개상 '戰(전)'이란 기표를 일반적인 '전쟁'이란 말로 옮겼다. 그러나 인용문 24)는 Ⅱ부 「1-2. 戰전, 義戰의전, 征정, 伐벌의 의미」에서 맹자가 사용한 전쟁 관련 개념어들을 세밀하게 구별한 뒤에 인용하는 것이라 그와 같은 구별에 따라 밝힌 표기 방식인 '戰*'으로 썼다. 이 점에 유의해서 해당 인용문을 오해 없이 읽기 바란다.

31) 『맹자』 「양혜왕 상」 7.

별하며 극심한 혼란과 고통을 겪는 비정상적이고 참혹한 상황이다. 위 인용문 6), 7)에서 맹자는 자신의 시대가 바로 그러한 전쟁의 시대라고 한탄하고 있다. 그의 시대는 온갖 전쟁으로 인해 들과 성에 시신이 가득한 시대였고, 일반 백성들은 풍년의 때에도 온갖 고통을 감내하여 겨우 살아내고 흉년이라도 들면 죽음을 면치 못하는 시대였다.

만약 당신이 맹자처럼 전쟁이 하루가 멀다고 벌어지던 시대의 한가운데 있다면, 인간에 대해 어떤 생각을 할 것 같은가? 인간에 대해 회의적이고 절망적인 생각을 가지기 쉽지 않겠는가? 인간은 전쟁을 좋아하고 전쟁이라는 폭력을 통해서라도 자신의 이익을 쟁취하려는 폭력적이고 이기적인 존재로 여기지 않겠는가?

그런데 놀랍게도 이런 시대 속에서 맹자는 인간의 선한 본성에 대해 목소리를 높인 것이다. 맹자는 당대의 현실을 투영한 모습으로 인간을 이해하지 않았다. 오히려 그는 자신의 시대 현실을 비판하고 극복하는 일을 철학적 사명으로 삼았다. 어둡고 절망적인 시대에 그가 본 희망은 옛 성현들의 가르침 속에서 이어져 온 인간 안에 있는 선한 본성이었다.[32] 이는 인간 존엄성에 대한 믿음이었고 인간 존엄성을 수호하려는 의지였다(원보신 2012, 244). 바꾸어

---

32) 고대 유학에서 궁극존재를 지칭하는 것은 상제(上帝)였다. 이것이 후대에 천(天)으로 바뀌게 되고, 그러한 천 관념과의 연관 아래에서 공자는 인(仁)을 천명하게 된다. 상제와 천 개념이 인간 밖의 초월적 존재라면, 인은 인간 안의 내재적 본성이 된다. 즉 종교적 의미의 가치 관념을 인간적 의미의 덕과 본성으로 전환한 것이다. 맹자의 성선설은 이와 같은 공자의 인간 이해를 계승한 산물이다.

말하면, 맹자 시대의 혼란과 파괴는 인간 존엄성의 소재를 망각하고, 보편적인 인성의 이상에 따른 의로움을 잃은 탓이었다. 따라서 인간 본성을 회복하고, 선한 인성을 출발점으로 삼아 의로운 세상을 이룩해 나가자는 게 맹자의 생각이다(원보신 2012, 57, 244 및 254)[33].

절망적인 시대에 당신이라면 어디에 희망을 걸고, 무엇을 믿을 것인가? 당신이 혹 신을 믿는 게 아니라면, 믿을 것은 결국 사람 자신으로 귀착되지 않을까? 세상을 혼란하게 하는 것도 사람이지만, 그 혼란을 다스리며 극복할 수 있는 것도 사람일 것이기 때문이다.

---

33) 원보신(2012)은 맹자의 철학을 크게 3가지 논변으로 정리한다. 첫째가 인간과 동물의 본성의 차이에 관한 논변, 두 번째가 왕도정치와 패도정치의 차이에 대한 논변, 세 번째가 의로움과 이로움의 차이에 관한 논변이다. 이 세 가지 논변에는 맹자의 시대 인식과 진단이 드러난다. 즉 전국시대의 사조는 인간 본성의 존엄성을 파괴하고 그를 경시하게 이끌었으며, [첫 번째 논변] 그것이 정치적으로 패도정치로 이어지게 하였다. [두 번째 논변] 이와 같은 사회현상 이면에는 보편적 인성에 따른 의로움(義)보다는 개인의 사익에 기본을 두는 이로움(利)이 더욱 지배적인 가치 관념으로 자리 잡고 있다는 문제가 있다. [세 번째 논변] 따라서 맹자의 성선설, 왕도정치론, 이로움이 아닌 의로움의 정립이라는 일련의 철학적 구상은 당대의 비판과 극복의 의미를 보여주는 것으로 이해할 수 있다.

2-2. 유학의 전쟁을 보아야 하는 이유[34)]

고대 그리스 사상가인 헤라클레이토스(Heraclitus)는 다음과 같이 말했다.

> 8) 전쟁은 만인의 아버지이며 만인의 왕이다. 전쟁은 어떤 사람들은 신으로 보이게 하고 어떤 사람들은 사람으로 보이게도 하며, 어떤 사람들은 노예로 만들고 또 어떤 사람들은 자유롭게 만들기도 한다. (Heraclitus 1981, 67)[35)]

헤라클레이토스의 말처럼 전쟁은 인간 사회의 질서와 개인의 삶을 송두리째 뒤엎을 만큼 파괴적인 영향력을 가진다.

전쟁이 갖는 파급력은 단순히 문명 파괴적인 것만은 아니다. 전쟁은 새로운 문명을 건설하고 발전시키는 원동력이 되기도 한다. 문명의 발전은 사회 내적인 평화를 구축하는 데 이바지하지만, 대량화되고 조직화된 전쟁을 가능하게 하기도 한다. 문명 속 어떤 질서와 체제가 낡아지면 갈등과 투쟁의 진통을 겪으며 기존 질서는 전복되고 새로운 체제로 대체되기 마련이다. 역설적이게도 파괴는 건설의, 건설은 파괴의 전제 조건이 되는 것이다. 이처럼 인류 역

---

34) 이 절 내용은 대부분 2021년에 발표한 「유가 전쟁관에 관한 연구 동향과 과제」에서 옮기되, 이 절의 서술 방향에 맞게 수정하여 보완하였다. 상세한 내용은 조은영(2021)을 참조 바람.

35) 인용한 영문은 아래와 같다.
"War is father of all and king of all; and some he has shown as gods, others men; some he has made slaves, others free."

사 안에서 문명과 전쟁은 동전의 양면과 같이 불가분의 관계를 맺으며 발전해 왔다(브렛 보든 2017, 22-39).

우리는 서구에서 발전한 전쟁 사상에 대해서는 제법 들어보거나 접해 본 적이 있다. 예를 들어 호메로스의 『일리아스』, 플루타르코스의 『영웅전』, 카이사르의 『갈리아 원정기』, 클라우제비츠의 『전쟁론』, 리델 하트의 『전략론』, 롬멜의 『보병 전술』 등은 생소하지 않다. 그러나 동양의 전쟁 관련 고전은 고작 『손자병법』 정도를 떠올리는 정도다.

사실 상대적으로 서구와 비교해서 우리나라를 포함한 동아시아에서는 전쟁에 관한 지적 전통이 크게 발전하지 못했다고 볼 수 있다. 일찍이 제자백가 시대에 병가(兵家) 사상이 출현했지만, 후대에까지 크게 이어지지 못했다. 반면 사회·문화 전반에서 가장 큰 영향력을 가졌던 유학 사상에서 전쟁에 대한 심도 있는 논의를 발전시킨 것도 아니다.

유학의 대표적 텍스트인 『논어(論語)』와 『맹자(孟子)』에서 전쟁을 주된 주제로 삼아 다루는 부분은 없다. 공자(孔子)는 힘[力]에 대해 잘 말하지 않았고[36] 전쟁에 대해 신중하였다.[37] 맹자(孟子)는 전쟁을 잘하는 자를 큰 죄인으로 여겼고,[38] 힘에 의한 정치를 패도정치(霸道政治)라 하여 배척하고, 덕(德)에 의한 정치인 왕도정치(王道

---

36) 『논어』 「술이(述而)」 20.
37) 『논어』 「술이」 12.
38) 『맹자』 「이루 상」 14.
　　자세한 내용은 인용문 24)를 참조할 것.

政治)를 힘써 주장하였다.[39] 전쟁을 국가의 생사와 존망을 좌우하는 큰일[40]로 보는 병가 사상가들은 맹자의 극렬한 비판 대상이었다.[41] 본질상 폭력에 해당하는 전쟁은 덕과 상충하는, 즉 앞서 1절에서 바라본 인간의 선한 본성에 반하는 행위로 볼 수 있기에 유학이 전쟁을 중시하지 않았던 것은 당연한 일이었는지도 모른다.

그럼에도 불구하고, 우리가 유학의 전쟁관을 살펴보아야 할 이유는 무엇일까?[42]

첫째, 전쟁이 인간 사회에서 그토록 지대한 영향을 끼치는 문제라면, 우리나라 역사에서 사상적으로 가장 지배적인 지위를 차지하고 있는 유학 사상에서는 전쟁을 어떻게 보고 있을지 의문이 들기 때문이다.

인류는 1, 2차 세계대전으로 점철된 '폭력의 세기'[43]를 겪은 후

---

39) 『맹자』「공손추 상(公孫丑 上)』 3.
자세한 내용은 인용문 29)를 참조할 것.
한편, 『맹자』에서는 패도정치는 패정, 왕도정치는 왕정으로 쓰고 있고, 왕도정치는 인정(仁政)이란 말로 쓰기도 한다. 본 책에서는 왕도정치, 패도정치로 쓰되, 문맥에 따라 왕도정치를 인정이란 용어와 혼용해서 쓸 것이다.

40) 『손자병법』「시계(始計)」편: "전쟁은 국가의 큰일이요 생사와 존망이 걸린 일이니 살피지 않을 수 없다."

41) 뒤의 인용문 24), 25)를 참조할 것.

42) 머리말에서 나는 맹자의 전쟁을 보는 이유를 설명한 바 있다. 거기서는 『전쟁을 공부하다』 시리즈 1권 『전쟁을 공부하다 1: 『전쟁론』편』 [이하 시리즈 1권으로 칭하겠음] 과의 연계성 속에서 2권의 맹자를 보는 이유를 설명하였다. 여기서는 우리가 처한 역사적 조건과 연속성 측면에서 유학의 중요성을 인정하고 유학의 전쟁을 보는 이유를 설명하고자 하였다는 점에서 차이가 있음을 밝힌다.

43) 한나 아렌트는 그의 저서 『폭력의 세기』에서 다음과 같이 말하였다. "20세기는 사실상, 레닌이 예견했듯이, 전쟁과 혁명의 세기가 되었으며, 그러므로 전쟁과 혁명의 공통분모라고 일반적으로 믿어지는 폭력의 세기가 되었다." (한

에도 각종 양상의 전쟁에서 벗어나지 못하고 있다. 우리나라만 해도 75여 년 전에 벌어졌던 전쟁을 마무리 짓지 못하고 정전(停戰) 상태에 머물러 있을 뿐이다. 현재에도 북한의 핵무기 개발은 끊임없이 전쟁에 대한 불안을 고조시키고 있다. 이뿐만 아니라 러시아·우크라이나 전쟁, 이스라엘·하마스 전쟁은 세계적인 경제적·정치적 위기를 증폭시키고 있다. 전쟁은 여전히 "현대를 규정하는 하나의 커다란 현상"으로서 우리를 조건 짓고 있다(이리에 아키라 2016, 32).

그리고 유학 사상은, 앞의 1장에서 설명했듯이, 우리의 현재를 있게 한 전통의 유산 중 하나이다. 따라서 유학이 우리 전통으로서 우리의 현재를 상당하게 구성하고 있다고 본다면, 비록 유학 내에서 핵심적인 주제는 아니더라도, 인류 역사와 문명에서 과거로부터 현재에까지 큰 영향을 끼치는 전쟁 문제에 대한 유학의 시각을 탐구하는 것은 그 자체로 의미 있는 작업이 되리라 본다.

둘째, 유학의 전쟁관에 대한 탐구는 우리 현재의 전쟁과 평화에 대한 인식을 검토하고 향후 발전적 논의를 위한 밑거름이 되리라 보기 때문이다. 전쟁이 우리의 현재를 규정짓는 조건이라면, 그를 극복하는 미래는 전쟁과 평화에 대한 진지한 성찰을 통해서 이루어져야 할 것이다. 특히 전쟁은 단순히 사실 차원의 현상에 머물지 않는다. 전쟁에 대한 사고와 관념에 따라 전쟁의 현실은 다르게 구성된다. 즉 사회문화적 현상으로서 전쟁 개념에 주목할 필요가 있

나 아렌트 1999, 24)

다(이리에 아키라 2016, 24-27).

그렇다면, 현대 한국인들의 의식 속에 문화적 유산으로 자리 잡고 있을 것으로 추정되는 전쟁과 관련한 전통적인 사고방식과 인식 내용을 유학 사상에서 추적하는 것은 필수적인 과제로 보인다. 대한민국 이전 500년 동안, 즉 조선은 유학의 나라였기 때문이다. 설령 유학의 전쟁관이 현대에는 큰 영향력을 발휘하지 않는다고 하더라도 그 전쟁 개념이 어떠했고, 그것이 어떻게 변화되고, 그 의미를 상실 혹은 유지하게 되었는지를 살피는 것만으로도 우리의 현재 전쟁 개념을 이해하고 미래적인 논의를 발전시키는 데 일조하리라고 본다.

2-3. 전쟁 이해의 다른 장르: 전쟁과 윤리44)

앞서도 언급했듯이 유학 사상 내에서 전쟁은 중요한 주제가 아니었다. 그나마 전국시대를 살았던 맹자가 전쟁에 대해 많이 언급한 편이다. 그런데 맹자의 전쟁에 대한 접근법에서 주목할 점이 있다. 이 점을 좀 더 선명히 보려면, 우리는 지난 시리즈 1권에서 살펴보았던 클라우제비츠에게로 잠시 돌아가야 한다. 아래 클라우제비츠의 글을 보자.

44) 본 책에서는 '윤리'와 '도덕'이란 용어를 개념상 크게 구분하지 않고 혼용할 것이다.

9) 폭력에는 국제법상의 관례라는 이름으로 제한이 따르지만, 그 제한은 눈에 잘 띄지도 않고 거의 언급할 가치도 없기 때문에 폭력의 힘을 근본적으로 약하게 만들지 못한다. (클라우제비츠 2021, 60)

10) 그런데 인도주의자들은 자칫 다음과 같이 생각할 수 있을 것이다. 즉 적에게 지나치게 큰 피해를 입히지 않으면서 기술적으로 적의 무장을 해제하든지 적을 쓰러뜨릴 수 있고, 이것이 전쟁술의 참된 방향이다. 이 말이 아무리 그럴듯하게 들린다 해도 이런 잘못된 생각은 버려야 한다. 전쟁과 같이 위험한 일에서 인정 때문에 잘못된 생각을 하게 된다면 그것이 바로 최악의 생각이기 때문이다. … 중략 … 그래서 피를 흘리면서 무자비하게 폭력을 쓰는 쪽이 적이 그렇게 하지 않는 경우에 우세해질 것이 틀림없다. (클라우제비츠 2021, 60)

위 두 인용문은 각각 『전쟁론』 제1편 1장 「전쟁이란 무엇인가?」의 2절과 3절에 나온다. 클라우제비츠는 전쟁의 첫 번째 정의에서 전쟁의 본질이 폭력 행동임을 밝히고, 그러한 전쟁을 논함에 있어 국제법상의 관례나 인도주의자들의 도의에 따라 전쟁을 바라보는 관점이 얼마나 언급할 가치가 없는 잘못된 생각이며 최악의 생각인지 꼬집는다.

전쟁의 순수한 본질에 자리하고 있는 폭력성에 초점을 맞추면 법이나 윤리는 발 디딜 틈이 없다고 보는 셈이다. 물론 클라우제비츠도 현실전쟁을 논하는 단계로 접어들면 위와 같은 주장을 그대로 고수하지는 않을 것이다. 그러나 적어도 『전쟁론』에서 클라우제비츠가 전쟁 개념을 검토하는 데 있어 법이나 윤리를 중요하게 생각하거나 적극적으로 다루었다고 보기 힘들다는 점은 부인할 수 없을 것이다. 그의 전쟁 개념에서 법과 윤리는 뒤로 물러나 있는 게 기본 입장이라 할 만하다.

그런데 유학의 입장은 이런 클라우제비츠와 다르다. 클라우제비츠가 전쟁과 정치의 관계에 주목했듯이, 유학에서도 전쟁과 정치의 관계가 밀접한 관련이 있다는 점을 의식한다. 그러나 전쟁과 윤리의 관계에 대한 인식에서는 뚜렷한 차별점을 보인다.[45] 맹자의 전쟁 개념이 '의로운 전쟁'이라는 '의전(義戰)'으로 요약되는 데서 알 수 있듯이, 유학에서는 클라우제비츠가 전쟁 개념에서 도외시한 윤리 문제를 전면에 내세운다. 유학의 전쟁 이해는 클라우제비츠와는 다른 장르를 차지한다.

전쟁을 윤리적 문제와 불가분의 관계로 파악하는 것은 어쩌면 유학이라는 사상 자체가 갖는 태생적 특성에 기인한다고 평가할 수도 있겠다. 기존 학계의 연구 성과를 살펴보면, 대개 유학의 전쟁관에 대해서 "인간의 도덕성에 근거한 정치를 표방하는 유가에서 비도덕적 혹은 반도덕적으로 여겨지는 전쟁을 어떻게 이해하였는가?"를 주요 쟁점으로 삼아 "유가에서 전쟁은 도덕 지향의 정치 이상에 합목적적인 의전(義戰)에 한하여 용인되었다"라는 평가가 주류를 이룬다. 이에 따라 맹자의 의전(義戰) 개념도 왕도정치라는

45) 좀 더 엄밀히 본다면, 클라우제비츠가 생각하는 정치 개념과 맹자가 생각하는 정치 개념이 다르다는 점에서 이미 양자의 전쟁에 대한 접근이 달라질 수 있는 단서가 마련되어 있다고 말할 수 있다. 유학의 왕도정치 개념에는 이미 도덕적 의미를 그 안에 담고 있기 때문이다.

목적과의 상관관계 속에서 그 특징과 의의를 해명하는 것이 일반적이다(조은영 2021, 170-171쪽).[46)]

따라서 이어질 Ⅱ부 1장에서 우리는 폭력보다는 덕을 근본으로 삼는 유학 안에서 맹자가 폭력 행동인 전쟁을 어떻게 받아들이는지, 그의 왕도정치 개념과 어떤 상관관계 속에서 전쟁을 해명하는지 주의 깊게 살펴보게 될 것이다.

한편, 전쟁과 윤리는 서구 지적 전통에서도 중요한 문제였다. 보통 기독교 전통에서 '정의전쟁론(Just War Theory)'[47)]으로 불리는 전쟁에서의 윤리 논의가 발전해 왔다고 알려졌지만, 역사적으로는 그 기원이 고대 그리스 시대에까지 거슬러 올라간다. 그리고 오랜 역사적 굴곡을 거치며 현재에까지 그 논의의 폭과 깊이를 더해오고 있다. 따라서 우리는 맹자의 전쟁 개념을 살펴보고 난 뒤 서구 지적 전통에서 다뤄진 정의전쟁론을 함께 고찰할 것이다. 그리고 정의전쟁론의 관점에서 맹자의 의전 개념이 어떤 사상적 유사성이 있는지 또 어떤 차별성이 있는지 간략하게나마 검토할 것이다. 이는 클라우제비츠의 전쟁 이해와는 다른 차원의 전쟁 이해의 면모를 알아보는 공부가 될 것이고, 동시에 전쟁과 윤리 문제에 관해 동·서양 사유의 같고 다른 점도 엿볼 수 있는 작업이 될 것이다.

---

46) 유학 사상의 전쟁관에 대한 우리 학계의 전반적인 연구 동향에 대해서는 조은영(2021)을, 그중 맹자의 전쟁 개념에 대한 좀 더 구체적인 분석은 조은영(2023a)를 참조할 것.

47) 우리 학계에서 'just war theory'는 정의전쟁론 외에도 정당전쟁론, 정전론(正戰論) 등으로 다양하게 번역되고 있다. 이 책에서는 정의전쟁론으로 통일하여 쓸 것이다.

II부

『맹자(孟子)』 공부

1장

맹자의 전쟁 개념: 의전(義戰)[48)]

1-1. 2가지 고려할 점

인류 역사에서 오랜 세월 영향력을 발휘해 온 큰 개념들은 역사적으로 다양한 기표와 기의로 분화해 왔다. 전쟁이라는 개념도 그중 하나다.[49)] 현재 우리는 '전쟁'이라는 단어를 대표적으로 쓰고 있다. "챔피언스 리그, 별들의 축구 전쟁", "세계는 반도체 전쟁 중" 등 오늘날 신문 주요 기사의 헤드라인에서 볼 수 있듯이 군사영역에서뿐 아니라 사회 일반 영역에서도 전쟁이라는 단어는 다양하고

48) 이 장 내용은 2023년에 발표한 「맹자의 전쟁 개념 고찰」과 「전쟁을 통해 본 적대와 환대: 맹자(孟子)의 의전(義戰)을 중심으로」에서 옮기되, 이 장의 서술 방향에 맞게 일부 수정·보완하고 필요한 내용을 추가하였다. 해당 논문은 조은영(2023a)와 조은영(2023b)를 참조 바람.

49) 언어의 기표, 기의 그리고 개념의 이해에 관해서는 시리즈 1권 1부 2-2, 2-3을 참조할 것.

시리즈 1권을 못보는 독자를 위해 간략히 설명하자면, 언어 기호는 기표와 기의로 구성된다. 기표는 말을 시각화한 것(sound image)을 말한다. 쉽게 말해 글자(text)를 가리킨다. 기의는 해당 언어 기호가 담으려는 의미와 뜻(concept)을 가리킨다(페르디낭 드 소쉬르 2007, 91-94).

광범위하게 사용한다.

그러나 과거로 거슬러 올라가거나 또 다른 지역으로 시야를 넓혀보면 우리가 현재 '전쟁'이라는 기표로 지칭하려는 그것을 단일한 용어로만 표현했던 것은 아님을 알 수 있다. 예를 들어, 근대 초기부터 독일어권 지역에서는 전쟁의 개념어로 'Krieg'라는 단어가 자리 잡았지만, 그 이전 시기에는 'Kriec', 'Fehde' 등이 쓰인 바 있다. 그리고 각각의 단어들은 그것이 쓰인 시대적 조건 아래에서 의미 내용에서도 차이를 가진다(빌헬름 얀센 2016, 12).

어떤 개념에 대한 기표와 기의의 다양성을 고려할 때, 우리 논의의 목적상 '전쟁'이라는 단어를 가장 포괄적인 의미의 용어로 간주하고 그 하위에 포함될 수 있는 전쟁 관련 개념어들이 공통으로 갖는 의미 내용이 무엇인지 한정할 필요가 있다.

전쟁의 본질은 폭력에 있다. 전쟁은 단순한 자연 현상이 아니라 인간 사회의 복잡한 관계 속에서 발생하는 사회적 현상이다. 클라우제비츠의 견해를 빌자면, 전쟁은 정치라는 사회현상과 밀접한 관계가 있으며, 주로 군대라는 사회적으로 조직된 무장세력을 통해 폭력 행동을 수행한다. 이처럼 전쟁이 인간집단 간에 주로 '군사력이라는 조직된 폭력을 수단으로 삼아 벌어지는 폭력 행동'이라는 내용을 포함하는 것이라고 전제한다면, 『맹자』에서 이러한 의미 내용을 포함하는 개념어로는 戰전, 義戰의전, 征정, 伐벌을 꼽을 수 있다.[50)]

---

50) 범례에서 밝혔듯이, 한자어 기표 자체가 중요하다고 판단한 개념어의 경우

『맹자』에서는 戰이라는 단어는 사용해도 戰爭^전쟁^이라는 단어는 단 한 번도 쓴 적이 없다. 征과 伐을 각각 따로 쓰고, 오늘날 우리에게 익숙한 征伐^정벌^이라는 한 단어로 쓴 예도 없다.[51] 또한, 戰을 부정적인 맥락에서 사용하는가 하면, '의로운'이라는 수식어가 붙어 부정적인 의미의 戰과는 다른 義戰이라는 전쟁을 개념화할 때 쓰기도 한다. 후술하겠지만, 戰, 義戰, 征, 伐은 서로 의미에서는 같고 기표에서만 다른 것은 아니다. 또 이들을 뭉뚱그려 앞서 언급한 가장 포괄적인 의미의 '전쟁'의 다른 명칭들에 불과하다고 볼 수도 없고, 오늘날의 현대적인 전쟁 개념과 같다고 해석할 수도 없다. 맹자가 사용한 이 개념어들의 세부적인 의미 내용상 차이가 어떠한지, 또 각 개념어 간 연관이 어떠한지, 각각에 구별되는 의미가 담긴 이유가 무엇인지 주의할 필요가 있다.

이와 관련하여 독자들은 다음의 2가지를 고려하며 공부해 나가기를 바란다.

첫째, 기표와 기의의 다양성과 자의성에 유의하기 바란다. 이미 앞에서 언급했지만, 맹자는 戰, 義戰, 征, 伐이라는 여러 가지 전쟁 관련 개념어를 쓴다. 이들 각 기표 간 기의는 같거나 다르기도 하며, 어떤 기표는 하나의 기의만이 아닌 여러 기의를 갖기도 한다. 또 오늘날 우리는 맹자가 사용한 기표를 맹자와는 전혀 다른 기의

'한자^한글^' [예: 戰^전^] 형태로 써서 한자 기표를 앞세워 표기하고, 한자가 익숙하지 않은 독자들을 위해 한글 음을 같이 적어 읽을 수 있게 했다.

51) 『맹자』에서 자주 인용되는 『서경(書經)』, 『시경(詩經)』어서도 戰爭은 한 번도 쓰인 적이 없지만, 征伐이란 단어는 각각 1회, 3회 쓰였다. 征과 伐로 각각 한 글자로만 쓰인 경우는 다수가 있다.

로 쓰거나, 『맹자』에서 사용한 예를 찾을 수 없는 기표들의 조합으로 쓰기도 한다. 이런 여러 경우를 고려하면 각 기표와 그 기의, 기표들 사이 의미의 같고 다름을 주의 깊게 정리하면서 논의를 따라갈 필요가 있다.

둘째, 맹자의 전쟁 논의를 전쟁에 관한 사상적 텍스트로서 살피기 바란다. 맹자의 전쟁 논의를 전쟁에 관한 사상적 텍스트로 간주한다는 말에는 당시 역사 속 실재했던 전쟁과 사상적 텍스트로서 『맹자』 속 전쟁 사이에는 괴리가 있으며,[52] 맹자의 전쟁 개념을 역사 속 실제 전쟁을 충실히 옮긴 역사 기록이 아니라 철학적 지향 속에 모색된 사상적 작업물로 본다는 의미가 담겨있다.[53]

맹자의 전쟁 개념을 사상적 텍스트로서 해석하는 작업은 기본적으로 戰, 義戰, 征, 伐 개념 자체의 의미를 해석하는 데서 출발하여, 그 의미가 전국시대(戰國時代)의 실제 전쟁 양상과 비교했을 때 어

---

52) Peter Lorge(2014)에 따르면, 사상과 역사는 주로 텍스트 기반의 연구이지만 그대로 상호 교환할 수 없는 지점이 있다. 사상의 추상적인 텍스트들과 주어진 시간·장소에서 벌어진 실제 역사를 구별하는 것이 중요하다. 사상적 텍스트는 그 텍스트가 쓰인 시대의 관행에 뒤처지거나, 그것을 직접 반영하거나, 혹은 앞서 있을 수 있기 때문이다.

53) 맹자의 논의를 사상적 텍스트로 보라는 말은 시리즈 1권 Ⅰ부 「2-4. 이해가 중요한 이유, 현실을 바꾼다」에서 말한 개념의 이중성 중 개념의 능동적 측면에 무게중심을 두라는 말이다. 개념은 현실의 반영으로서 그 의미가 형성된다는 수동적 측면뿐 아니라 역사적 주체로서 인간이 자신이 소유한 개념에 따라 실천하여 현실을 구성해 나간다는 능동적 측면을 가진다. 따라서 어떤 개념을 파악한다는 것은 그 개념이 형성되는 역사적 조건들을 살필 수 있는 것이요, 그 개념으로 새롭게 구성해 나갈 현실에 대한 전망과 의도를 엿볼 수 있는 것이다. 따라서 사상적 텍스트로서 읽는다는 것은 맹자의 전쟁 개념을 당대 현실 반영으로서 파악하기보다는 새로운 현실을 향한 지향과 모색으로서 읽는다는 뜻이다.

떤 차이를 갖는지, 그와 같은 전쟁 개념에 담긴 차별성과 그 안에 담긴 철학적 의미가 무엇인지 밝히는 데로 이어갈 것이다.

1-2. 戰[전], 義戰[의전], 征[정], 伐[벌]의 의미

앞서 전쟁 개념이 '군사력이라는 조직된 폭력을 수단으로 삼는 폭력 행동'이라는 내용을 갖는 것이라고 보면, 『맹자』에서 이와 관련된 개념어로 戰, 義戰, 征, 伐을 꼽을 수 있다고 했다. 이제 이 개념들의 각각의 의미를 자세히 살펴볼 차례다.

이 중 戰부터 먼저 시작해보자.

> 11) "戰을 잘하는 자는 극형에 해당한다."[54]
>
> 12) 맹자께서 말씀하셨다. "어떤 사람이 말하기를 '나는 진(陳)을 잘 치며, 나는 戰을 잘한다.'라고 하면 큰 죄다."[55]

위의 글에서 맹자는 戰을 극형과 큰 죄에 해당한다고 비판한다. 이러한 戰은 행해서는 안 될 부정적인 행위이며 금해야 할 일로 해석된다.

그런데 戰은 부정적 의미로만 쓰이지 않는다.

---

54) 『맹자』「이루 상(離婁 上)」 14.
55) 『맹자』「진심 하(盡心 下)」 4.

13) 맹자께서 말씀하셨다. "… 중략 … 군자는 비록 戰을 수행하지 않지만, 그러나 戰을 수행하면 반드시 승리한다."[56]

14) 맹자께서 말씀하셨다. "『춘추(春秋)』에는 義戰이 없으니, [義戰에는 못 미치지만] 그나마 서로 비교해 좀 나은 것은 있다."[57]

위 인용문에서 戰의 의미를 파악하는 데 있어 중요한 점은 '군자'와 '의로움(義)'이라는 의미가 더해지는 戰이 있다는 점이다. 만약 위 인용문의 戰이 인용문 11), 12)에서 사용한 戰과 같은 의미라면, 맹자는 유학에서 훌륭한 사람을 뜻하는 군자도 극형과 큰 죄에 해당하는 戰을 수행한다고 말하는 셈이 되고, 그러한 戰이 의로울 수 있다는 모순적인 주장을 펴는 게 된다. 따라서 기표 차원에서 같은 戰을 쓰지만, 큰 죄에 해당하는 戰과 군자나 의로움과 같은 말과 결합하는 戰은 의미상 다른 내용을 가진다고 볼 수 있다. [이하 戰이 인용문 11), 12)와 같이 부정적 의미로 쓰인 경우는 戰*으로 표기하여 그렇지 않은 경우와 구별하겠다.]

또 다음 경우를 보자.

15) 맹자께서 대답하셨다. "왕께서 戰을 좋아하시니, 청하오니 戰으로 비유하겠습니다."[58]

16) [맹자께서] 말씀하셨다. "추나라 사람이 초나라 사람과 戰 한

56) 『맹자』「공손추 하(公孫丑 下)」 15.
57) 『맹자』「진심 하」 2.
58) 『맹자』「양혜왕 상(梁惠王 上)」 3.

다면, 왕은 누가 이기리라고 생각하십니까?"[59]

위 두 인용문에서 쓰인 戰은 앞의 戰*과 같이 극형과 큰 죄에 해당하는 행위라는 의미를 내세우면서 말한 것 같지 않다. 인용문 15), 16)은 모두 유학적 이상정치인 왕도정치를 설득하는 과정에서 나온 대화 중 일부인데, 이런 대화의 맥락을 고려해 보면, 맹자가 자신만의 가치관이 개입한 戰*이라는 용어를 노골적으로 사용하였다고 보는 대신 전쟁 일반을 포괄적으로 지칭하는 의미로 사용하였다고 보는 것이 타당해 보인다.

이상에서 보듯, 맹자는 戰이라는 하나의 기표에 3가지 기의를 사용한다. 그 3가지 유형을 의미에 따라 정리하면 아래와 같다.

① 전쟁 일반을 포괄적으로 지칭하는 가치 중립적인 戰: 인용문 15), 16)의 사례

② 위 ①의 戰 중에서 군자가 수행하는 戰, 의로운 戰(義戰): 인용문 13), 14)의 사례

③ 위 ①의 戰 중에서 극형과 큰 죄에 해당하는 戰*: 인용문 11), 12)의 사례

『맹자』에서 사용하는 戰 중에는 가장 포괄적 의미의 전쟁 개념으로 사용하는 戰이 있다. 특별한 가치판단이 개입하지 않은 전쟁

---

59)『맹자』「양혜왕 상」7.

일반을 가리킨다. 그리고 그 하위 범주에 義戰과 그와 대비되는 戰* 이 있다. 비록 『맹자』에서 직접 언급한 바는 없지만, 戰*은 義戰에 상반되는 불의전(不義戰) [이하 불의전은 戰*을 지칭하는 것임을 밝힌다.] 으로 명명할 수 있을 것이다.

맹자의 전쟁 개념어 중 義戰은 맹자가 사용하는 또 다른 개념어인 征, 伐과 개념적 상관성이 깊다.

> 17) 맹자께서 말씀하셨다. "『**춘추**』**에는 義戰이 없으니**, [義戰에는 못 미치지만] 그나마 서로 비교해 좀 나은 것은 있다. **征이라는 것은 윗사람이 아랫사람을 伐하는 것**이니 **대등한 나라 간에는 서로 征하지 못하는 것**이다."[60]

> 18) 맹자께서 말씀하셨다. "어떤 사람이 말하기를 '나는 진(陳)을 잘 치며, 나는 戰*을 잘한다.'라고 하면 큰 죄이다. 나라의 군주가 인(仁)을 좋아하면 천하에 적(敵)이 없다. **[탕왕이] 남쪽을 征하니** 북쪽 오랑캐가 원망하며, 동쪽을 征하니 서쪽 오랑캐가 원망하여 '어찌하여 우리를 뒤에 征하시는가' 하였다. **무왕이 은나라를 伐할 때에** 전차가 3백 량이었고 군대가 3천 명이었다. 왕께서 말씀하시기를 '두려워 말라. **너희 백성들을 편안케 하려는 것이요 대적하려는 것이 아니다**.' 하시자, (상나라 사람들이) 마치 짐승이 그 뿔을 땅에 대듯이 머리를 조아렸다. **征이란 '바로잡음(正)'이라는 말**이다. (사방의 오랑캐가) 각각 자기를 바로잡아주기를 바라니, **어찌 戰*을 쓰겠는가?**"[61]

60) 『맹자』「진심 하」2.
61) 『맹자』「진심 하」4.

위 인용문 17)에서 『춘추』어는 義戰이 없다는 말에 이어 征에 대한 설명이 뒤따르는 것을 볼 때 맹자가 征을 義戰과 의미상 같다고 보고 있음을 추론할 수 있다. 그리고 인용문 18)에서 戰*과는 구별되는 탕왕이나 무왕 같은 성왕(聖王: 성인과 같은 왕)이 수행한 전쟁을 설명하면서 征과 伐이란 개념어를 사용하고 있음을 알 수 있다. 즉 征과 伐은 戰*과는 다른 전쟁인 것이다.

맹자는 그의 전쟁 개념어 중 義戰의 이상형(ideal type)을 과거에서 찾고 있고, 그 대표적 모델로서 인용하는 것이 성왕으로 불리던 탕왕(湯王), 문왕(文王), 무왕(武王)과 같은 이전 시대 왕들이다.[62] 그리고 이때 주로 사용하는 개념어가 征과 伐이다.

인용문 17), 18)을 종합해보면, 征은 성왕이 수행한 전쟁으로서 義戰의 이상형이다. 그 의미 내용에서 征과 義戰은 큰 차이가 없다고 볼 수 있다. 그렇다면, 伐은 어떤가?

19) **제나라가 연나라를 伐하여** 승리하였다.[63]

20) 제선왕이 물었다. "**탕왕이** 걸왕을 내치고, 무왕이 **걸왕을 伐하였다** 하니 그러한 일이 있습니까?"[64]

---

62) 본문에 나온 상나라의 탕왕, 주나라의 문왕과 무왕 외에 하나라의 우왕(禹王)을 통칭하여 삼왕(三王)이라 부른다. 왕의 숫자는 네 명인데 '삼왕'이라고 부르는 이유는 '삼왕'이 왕의 숫자를 말하는 게 아니기 때문이다. 우왕 시대인 하나라, 탕왕 시대인 상나라, 문왕과 무왕 시대인 주나라 때를 합쳐 '삼대(三代: 세 시대)'라 하는데, 삼왕은 이와 같은 삼대의 왕들이라는 뜻인 것이다.

63) 『맹자』「양혜왕 하」 10.

64) 『맹자』「양혜왕 하」 8.

『설문해자(說文解字)』에서 보면, 伐은 '擊(격)', 즉 '친다'라는 뜻이다.[65] 이것이 전쟁 관련 의미로 쓰이면 군사력을 동원하여 친다는 의미가 된다. 따라서 기본적으로 위 인용문 19), 20)의 伐을 모두 '[군사력을 동원하여] 치다'로 해석해도 큰 문제는 없다.

그러나 자세히 보면, 인용문 19)는 맹자 시대의 제나라가 연나라를 伐한 사실을 다루고 있고, 인용문 20)은 성왕인 탕왕이 폭군인 걸왕을 伐한 역사를 말하고 있다. 이때 후자의 伐은 앞서 인용문 18)에서 무왕이 행한 伐과 같은 의미로 썼다고 볼 수 있다. 그러나 제나라가 행한 伐도 성왕들의 伐과 같은 의미일까?

맹자가 제나라가 연나라를 伐한 것은 비판했지만, [인용문 22) 참조] 인용문 18)에서 보듯 성왕의 伐은 征 [義戰] 을 논하는 연장선에서 사용했다는 점을 볼 때, 두 伐은 같은 기표이지만 다른 기의임을 알 수 있다. 맹자가 戰을 義戰의 戰과 不義戰의 戰*으로 구별하였던 것처럼 伐도 義戰이라는 도덕적 맥락의 伐 [인용문 18), 20)의 성왕의 伐] 과 그러한 도덕적 의미가 없는 伐 [인용문 19)의 伐] 을 나누는 것이다.[66]

또 伐의 정확한 의미 파악과 관련하여 한 가지 더 생각할 점은 오늘날 우리가 征伐이라는 한 단어로 쓰고 있는 까닭에 征과 伐이 같은 의미의 단어라고 오해할 수 있다는 점이다. 그러나 『맹자』에

---

65) 『설문해자』 인부(人部) 伐.
하영삼의 해설에 따르면, '伐'은 무기로 사람의 목을 베는 모습을 딴 글자이고, 이로부터 '목을 베다'와 '정벌하다', '자르다' 등의 뜻이 나왔고, 전쟁에서 거둔 공을 자랑한다는 뜻에서 '뽐내다', '자랑하다'의 뜻도 나왔다(하영삼 2022, 2022 및 2265).

66) 이희주(2011)도 '伐'의 이중적 의미에 주목한 바 있다.

서는 征과 伐을 따로 쓰고 征伐이라는 하나의 단어로 쓰는 예는 없다. 『논어(論語)』나 맹자가 자주 인용한 『서경(書經)』에서도 이미 征伐이라는 단어를 쓰고 있는데도 불구하고,[67] 『맹자』에서 征伐이란 단어는 쓰지 않는다.

그 이유는 인용문 17)에서 볼 수 있다. 맹자는 征을 '윗사람이 아랫사람을 伐한다(上伐下)'로 설명한다. 이로 볼 때 伐은 征이라는 개념을 구성하는 하위 개념에 속한다. [도덕적 의미의] 伐은 征에 포함되는, 征의 의미 내용의 일부인 것이다.[68]

맹자가 征과 伐의 개념적 위계 차이를 분별하는 이유는 천자의 순수(巡狩)와 술직(述職)을 설명하는 아래 인용문에서 그 단서를 엿볼 수 있다.

> 21) 맹자께서 말씀하셨다. '오패(五霸)[69]는 삼왕의 죄인이고, 지금 제후들은 오패의 죄인이며, 지금 대부들은 지금 제후들

---

67) 『논어』와 『서경』에서 '征伐'이란 단어가 쓰인 경우는 각각 1회이다. 『논어』는 「계씨(季氏)」편 1장에, 『서경』은 6권 「주서(周書) 무성(武成)」편 1장에 나온다.

68) 맹자가 伐을 이중의 기의로 사용하고, 또 征伐의 한 단어가 아닌 의미상 차이를 갖는 征과 伐로 나누어 사용한다는 점을 고려한다면, 『맹자』에서 쓰인 伐을 단순히 '친다(擊)'로 해석하거나 征과 伐을 구별하지 않고 征伐이라는 한 단어로 번역하는 것은 잠시 유보할 필요가 있다.

예를 들어 앞의 19), 20) 인용문들에서 쓰인 伐에 대한 국내 번역서의 번역은 조금씩 차이를 보인다. 성백효(1993), 유교문화연구소(2008), 김경국·박상택(2015)의 번역을 살펴보면 인용문 19)의 경우는 모두 '치다'로 번역하고 있으며, 인용문 20)의 경우는 각각 '정벌하다', '치다', '토벌하다'로 번역하고 있다. 번역자들이 伐을 하나의 뜻으로 옮기거나, 征과 伐을 구별하지 않고 征伐이라는 한 단어로 쓰는 것을 알 수 있다.

69) 춘추시대에 패권을 지녔던 다섯 제후를 가리킨다. 제환공(齊桓公), 진문공(晉文公), 진목공(秦穆公), 송양공(宋襄公), 초장왕(楚莊王)이 이에 해당한다.

의 죄인이다. 천자(天子)가 제후를 방문하여 살피는 것을 순수(巡狩)라 하고, 제후가 천자에게 나아가 조회(朝會)하는 것을 술직(述職)이라 한다. **천자는** 봄에 교외에 나가 경작하는 상태를 살펴 부족한 것을 보조하고 가을에는 수확을 살펴 충분하지 못한 것을 돕는다. **제후들의 경내에 들어가 보아** 토지가 잘 개간되고 전야(田野)가 잘 경작되고 노인을 봉양하고 어진 이를 높이며 뛰어난 이가 지위에 있으면 **상(賞)을 내린다**. 상은 땅으로 준다. 그 경내에 들어가 보아 토지가 황폐하고 노인을 버리고 어진 이를 잃으며 착취하는 자가 지위에 있으면 **벌을 준다**. 한 번 조회하지 않으면 그 관작(官爵)을 낮추고, 두 번 조회하지 않으면 그 땅을 줄이고, **세 번 조회하지 않으면 군대(六師)를 동원하여 그 군주를 교체한다**. 그러므로 **천자는 토(討)하고 伐하지 않으며, 제후는 伐하기만 하고 토(討)하지 못한다**. 그런데 5패는 제후 신분이면서 [천자라야 할 수 있는] 제후를 伐하는 일을 행하였다. 그러므로 오패는 삼왕의 죄인이라고 말하는 것이다.[70]

천자는 제후들의 경내를 돌아보아 어진 이를 등용하여 백성들을 편안히 다스리는 제후는 상주고, 반대로 착취하는 자를 써서 백성들을 괴롭히면 벌준다. 이러한 천자의 통치 행위 중에 제후국들의 잘못을 처리하는 토(討)와 伐 개념이 등장한다. 이때 토를 할 수 있는 권위와 그것을 실행하는 주체는 모두 천자이지만, 伐의 경우는 그것을 명하는 권위와 수행하는 주체가 각각 천자와 위임받은 신하 [제후]로 나뉜다. 이때의 伐은 천자가 잘못을 범한 제후국을

70) 『맹자』 「고자 상(告子 上)」 7.

바로잡는 벌죄(罰罪: 죄를 벌함)의 의미를 포함한다. 이는 맹자 이전 시대의 삼왕(三王)이 행하던 것인데, 이를 어기고 천자가 아닌 제후 신분이면서 또 다른 제후를 함부로 伐한 것이 춘추시대 패권을 차지했던 다섯 제후(오패(五霸))의 죄라는 것이다. 그리고 맹자는 심지어 자신이 살던 전국시대의 제후들은 과거 오패만도 못하다고 비판하고 있다.

위 내용을 토대로 맹자가 인용문 17)에서 춘추시대에 義戰이 없다고 비판하면서 征은 '윗사람이 아랫사람을 伐하는 것(上伐下)'이요 '대등한 나라 간에는 서로 征하지 못한다(敵國, 不相征也.)'라고 말한 내용을 풀어보면, 征은 천자라는 윗사람(上)이 잘못을 저지른 제후라는 아랫사람(下)을 바로잡기 위해(正) 행하는 伐이다.[71] 이것이 성왕들이 행한 전쟁이고 맹자가 보았을 때 대표적인 義戰의 모델이다. [이하 내용에서 征의 차원에서 쓰는 伐은 伐**로 표기함을 밝힌다.]

이상에서 살핀 맹자의 전쟁 관련 개념어를 도표로 요약하면 아래와 같다.

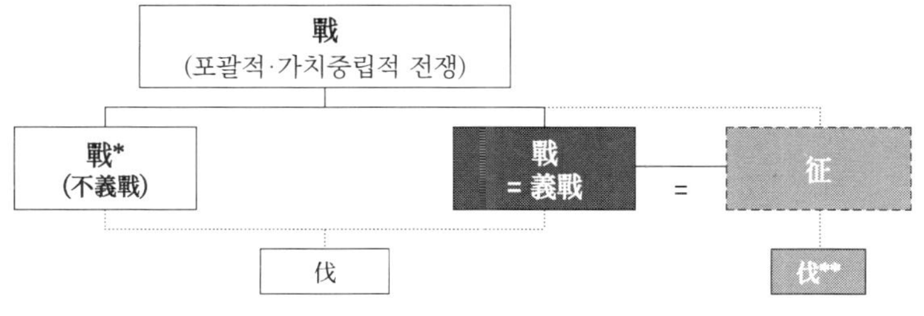

71) 뒤에서 좀 더 자세히 다루겠지만, 여기서 '상하'는 단순히 천자와 제후라는 신분이나 직위를 뜻하는 것은 아니다. 맹자가 춘추시대의 의전을 예로 들 때 말하는 '천자'란 삼왕과 같은 도덕적 권위를 가진 이들을 뜻하기 때문이다.

1-3. 의전의 요건

앞의 2절에서 맹자의 여러 전쟁 관련 개념어들의 의미와 각 개념어 간의 연관성과 차이를 살펴보았다. 맹자는 부정적 의미의 戰*뿐 아니라 그와 구별되는 義戰을 주장하였고, 후자를 성왕들이 수행한 전쟁으로서 수용 가능한 전쟁으로 이해했다. [이하 내용에서는 문맥을 고려하여 義戰, 征, 伐**을 엄격히 구별해야 하는 경우가 아니면, 義戰이란 용어로 대표하여 쓴다는 점을 밝힌다.]

이번 3절에서는 義戰을 좀 더 구체적으로 분석해 보고자 한다. 이를 위해 『맹자』 「공손추 하」 편에 나오는 제나라가 연나라를 伐한 사례인 '제벌연지사(齊伐燕之事)'와 관련한 맹자의 논의를 살펴볼 것이다. 제벌연지사 논의는 義戰이 성립하기 위해 어떤 것들이 요구되는지 맹자의 생각을 잘 보여주기 때문이다.

가. 제벌연지사(齊伐燕之事) 속 2가지 질문

제벌연지사와 관련한 맹자의 생각을 보여주는 대목을 간추리면 아래와 같다.

> 22) 심동이 개인적으로 묻기를 **"연나라를 伐할 수 있습니까?"** 묻자, 맹자께서 대답하셨다. "그렇다." … 중략 … 제나라 사람이 연나라를 伐하자, 어떤 사람이 묻기를 "제나라에게 연나라를 伐하라고 권하셨다고 하던데, 그런 일이 있었습니까?" 하자, 맹자께서 말씀하셨다. "아니다. 심동이 **'연나라를 伐**할 수 있습니까?'** 하고 묻기에 내 대답하기에 '그렇

다' 하였더니, 그가 내 말을 옳게 여겨 伐한 것이다. 저 사람이 만일 **'누가 伐**할 수 있습니까?'** 하고 물었다면, 나는 장차 대답하기를 **'천리(天吏)가 되면 伐**할 수 있다.'** 하였을 것이다. 지금 살인자가 있는데, 혹자가 **'그 살인자를 죽일 수 있습니까?'**하고 물으면, 나는 '그렇다'라고 대답할 것이다. 그가 만일 '**누가 그 사람을 죽일 수 있겠습니까?**'하고 물으면, 나는 **'재판관(士師)이라면 처형하여 죽일 수 있다'** 라고 대답할 것이다. **지금 제나라가 연나라와 같이 불의한 나라인데 연나라를 伐**하겠다고 하면, 내 어찌 권하겠는가?**"[72]

심동이 연나라를 伐 [여기서 심동은 맹자가 생각한 義戰으로서 伐**을 말했다고 볼 수 없기에 伐로 썼다.] 할 수 있는지 물었을 때 맹자는 그렇다고 대답한다. 이때 그렇다는 대답은 인용문 후반부 내용을 보면, 伐**할 수 있다는 뜻임을 알 수 있다. 즉 심동과 맹자는 '伐'이란 같은 기표를 사용하면서도 다른 기의를 쓴 것이다.

위 인용문에서 맹자가 말하는 伐**, 즉 연나라에 대한 義戰이 성립하려면 다음의 두 가지 질문에 답할 수 있어야 한다.

① 연나라를 伐**할 수 있는가?
② 누가 연나라를 伐**할 수 있는가?

맹자는 이 질문을 살인자에 대한 처벌을 예로 들면서 아래의 질문으로 바꾸어 처음 질문의 속뜻이 무엇인지 생각하게 유도한다.

---

72) 『맹자』 「공손추 하」 8.

①-1 그 사람(살인자)을 죽일 수 있는가?
②-1 누가 그 사람(살인자)을 죽일 수 있는가?

①-1에서 누군가를 [처벌로서] 죽일 수 있는지는 그 대상이 얼마나 큰 죄를 지었는가에 따라 답이 달라진다. 그러나 그 범죄자가 살인과 같은 큰 죄를 저지른 자이기에 사형시켜도 된다고 해도, 그 살인자를 누구나 죽일 수 있다는 의미는 아니다. 그 범죄자를 처벌하여 죽임이 정당할 만큼 죄가 크고 명백하다고 해도, 그를 죽일 수 있는 사람에게는 별도의 자격과 권위가 필요하기 때문이다. 그것이 바로 ②-1의 질문이다. 맹자는 살인자를 죽이는 것은 정당하지만, [처벌로서] 살인자에 대한 사형을 집행할 수 있는 사람은 자격 있는 사람인 재판관이어야 한다고 밝히고 있다.

살인자 처벌의 예를 토대로 본래 질문인 ①, ②를 정리해 보면, 질문 ①은 義戰을 벌여도 되는지 그 이유에 대해, 질문 ②는 그런 義戰을 누가 수행할 수 있는지 그 수행 주체의 자격 [혹은 권위]에 대한 정당성을 물어보는 질문이다. 맹자가 볼 때, 義戰은 그 이유 [혹은 목적]에 있어서 정당해야 하며, 그를 수행할 주체가 적절한 자격 [혹은 권위]을 갖춰야 한다.[73]

---

73) 정당한 이유(cause)와 권위(authority) 문제는 뒤에서 다룰 정의전쟁론에서 전쟁의 정당성(justice of war; jus ad bellum)을 검토하는 원칙들에 해당한다는 점에서 그 상관성을 염두에 두고 보면 좋을 것이다.

나. 의전의 이유: 인의의 실현

제벌연지사 사례에서 연나라를 伐**할 수 있다고 본 이유는 연나라의 자쾌(子噲)와 자지(子之)라는 인물들의 죄에서 비롯한다. 제후국의 토지와 백성은 제후가 천자로부터 받는 것인데, 그 둘은 연나라의 제후와 재상 신분에 불과하면서 사사로이 서로 나라를 넘겨주고 넘겨받은 것이다.[74] 특히 『맹자』「양혜왕 하」편에 보면, 제나라가 연나라를 伐하러 갔을 때 수많은 연나라 백성들이 제나라 군대를 환영하였는데 이는 독정에서 구제받기 원했기 때문이었다.[75] 이 사실은 자쾌와 자지가 단순히 천자인 양 월권하여 자기들끼리 권력을 이양하는 데 그치지 않고, 백성들을 도탄에 빠뜨리는 정치를 펴는 이들이었다는 방증이다. 연나라를 상대로 義戰을 벌일 수 있는 이유는 연나라 위정자들의 범죄 행위, 무엇보다도 백성을 도탄에 빠뜨린 폭정에 있다.

義戰의 이유에 대한 맹자의 말을 좀 더 찾아보면 다음과 같다.

> ① 무왕이 은나라를 伐할 때에 … 중략 … 왕께서 말씀하시기를 '두려워 말라. **너희 백성들을 편안케 하려는 것이요 대적하려는 것이 아니다**.' 하시자, (그 백성들이) 마치 짐승이 그 뿔을 땅에 대듯이 머리를 조아렸다. **征이란 '바로잡음(正)'이라는 말이다**. [인용문 18) 중에서 발췌]
>
> ② **지극한 인(仁)으로 지극한 불인(不仁)을 伐**하였으니** … 중략

---

74) 『맹자』「공손추 하」 8장에 대한 주자 주.
75) 『맹자』「양혜왕 하」 10.

… [인용문 27) 중에서 발췌]

③ **탕왕이 그** [잔학한] **군주를 처벌하고 백성들을 위문하시자** 단비가 내린 듯이 백성들이 크게 기뻐하였다. … 중략 … **이는 물구덩이, 불구덩이에 빠진 백성들을 구제하고 잔학한 자만을 멸망시켰기 때문이다**. [인용문 28) 중에서 발췌]

④ 이렇게 **저들이 그 백성을 함정에 빠뜨리고 도탄에 빠뜨리거든 왕께서 가서 征 하신다면 누가 왕과 더불어 적이 되겠습니까?** [인용문 32) 중에서 발췌]

제벌연지사에서 義戰의 이유를 정치의 파탄에서 찾는 데서 이미 눈치챘겠지만, 위 인용문들에서 반복하는 것은 백성들을 위한 정치와 관련된 평가이다. ①에서는 무왕의 義戰이 백성을 편안하게 하려는 목적이라고 평가하고 있고, ③에서는 탕왕의 義戰은 잔학한 군주를 징벌하고 그들로 인해 고통받는 백성들을 구제한 것이라고 칭송하고 있으며, ③과 ④에서는 백성을 도탄에 빠뜨린 자들에 대해 義戰을 벌이는 것이 정당하다고 말하고 있다. 그리고 잔학한 군주를 벌하고, 도탄에 빠진 백성을 구제하는 것을 ①에서는 "[征(義戰)은] 바로잡는 것"으로 ②에서는 "지극한 인으로 지극한 불인을 伐**하는 것"으로 정리한다. 즉 義戰의 이유는 불인의 정치를 바로잡아 인의 정치를 실현하는 데 있다.

義戰, 즉 전쟁 개념에 '의롭다' 하는 윤리적 평가가 포함되는 순간 어쩌면 당연한 귀결인지도 모르지만, 맹자의 義戰과 不義戰 논의에는 인과 불인, 의와 불의가 선명하게 대비된다. 맹자의 사상

내에서 거슬러 올라가 보면 '인·의 vs 불인·불의'의 구도는 그 특유의 왕도정치와 패도정치를 구별하는 정치사상에까지 연결된다. 왕도정치와 패도정치는 각각 '덕(德)·인의 vs 폭력(力)·리(利)'로 대비되는데, 이러한 윤리적 차별이 의전 vs 불의전으로 그대로 이어진다고 볼 수 있다. [왕도정치와 패도정치에 관해서는 다음 「1-4. 의전 개념의 차별성과 의의」 부분에서 좀 더 자세히 다룰 것이다.]

다. 의전의 자격: 도덕적 권위자

이제 제벌연지사의 두 번째 질문으로 넘어가 보자. 질문 ②는 "누가 伐** 할 수 있는가?"이다. 인용문 22)에서 보듯, 맹자는 제벌연지사에서 연나라는 제나라와 오십보백보에 불과하였기에 연나라가 제나라를 伐**할 자격이 없다고 보았다.

그렇다면 伐**할 수 있는 이는 누구인가? 인용문 22)에서 맹자는 '천리(天吏: 하늘이 세운 관리)'라야 伐**할 수 있다고 주장한다. 살인자 비유를 통해 보면 재판관(士師)이 사형을 집행할 수 있는 자격과 권위를 가진 사람이듯이, 천리는 義戰을 수행할 수 있는 자격과 권위를 갖춘 자를 말하는 것이다.

맹자가 말하는 천리(天吏)는 구체적으로 어떤 존재이기에 義戰을 수행할 자격과 권위를 갖는다고 하는 것일까?

23) "**참으로 이 다섯 가지를 시행한다면,**[76] 이웃 나라 백성들이

---

76) 현명하고 재능있는 자를 등용하고, 불법적이거나 불필요한 4가지 세금징수에 관한 일[시장, 성의 관문, 농사, 기타 징벌적 세금을 가리킴]을 올바르게 시

그를 부모처럼 우러러볼 것이니, 아들과 딸을 이끌어서 그 부모를 공격하는 일은 사람이 있은 이래 이뤄진 적이 없는 것이다. 그러므로 이와 같다면 **천하에 대적할 자가 없을 것**이다. **천하에 대적할 자가 없으면 천리**이니, 이렇게 하고서도 왕자 [왕도정치를 펴는 군주] 가 되지 못한 자는 없다."[77]

위 인용문에 따르면, 정치에서 현명하고 능력 있는 사람을 적재적소에 등용하고, 시장이나 성의 관문, 농지 등에서 과한 세금징수로 백성들을 괴롭히지 않는 등 5가지를 시행하게 되면, 위정자와 백성이 서로 부모와 자식 같은 사이가 된다. 그리고 자식이 되어서 그 부모를 공격하는 일이 없듯이, 그런 정치 권력에 대적하는 일이 벌어지지 않게 된다. 그러므로 "천하에 적대할 자가 없게 된다.(無敵於天下)"라고 말한다.[78] 주자는 이 장이 왕도정치를 설명한 장이라고 주석하며, 천리(天吏)는 천명을 받들어 정치를 행하는 사람을 가리키는데 탕왕과 무왕이 그렇게 행한 예라고 설명한다.[79]

이와 비슷한 설명은 『맹자』의 다른 곳에서도 찾을 수 있다. 「양혜왕 상」 5장에서 보면, 몇 번의 전쟁에서 패배한 것을 설욕하려는 데에 혈안이 되어있는 양혜왕에게 맹자가 먼저 인정(仁政)을 펼 것을 충고하는 장면이 나온다. 그 과정에서 맹자는 인정을 펴는

행하는 것을 가리킨다. 이는 결국 인정 [왕도정치]을 말하는 것이다.

77) 『맹자』 「공손추 상」 5.

78) '無敵(무적)'이란 단어를 '너무 강해 겨룰 자가 없다(invincible)'로 번역하지 않고, '적대할 자가 없다.' 혹은 '적이 없다.'라고 옮기는 자세한 이유는 「1-4-다. 적대를 넘어 환대로」 부분에서 다룬다.

79) 『맹자』 「공손추 상」 5장에 대한 주자 주.

"인(仁)한 사람은 적이 없다."라는 "인자무적(仁者無敵)"이라는 말을 쓴다. 이에 대해 주자는 양혜왕은 사사로운 원한으로 전쟁을 벌이려 하지만, 맹자는 백성을 구제하는 데에 뜻을 두고 있는 것이라고 평가한다. 그와 같은 맹자의 본의는 '오직 천리라야 伐**할 수 있다'라는 의미라고 한다.[80]

이상을 요약해 보면, 천리는 탕왕이나 무왕과 같이 왕도정치를 베푸는 인자(仁者: 다른 말로 왕자(王者))를 가리킨다. 이는 패자(霸者: 패도정치를 펴는 자)와는 상반되는 도덕적 권위를 갖는다.[81] 천리는 오직 천명에 부합한 왕도정치를 펴고, 왕도정치의 정신을 따라 불가피한 상황에서 백성을 구제하기 위한 전쟁을 수행할 뿐이다.[82] 바꾸어 말하면, 의전은 오직 왕도정치의 연장으로서만 고려될 수 있는 것이다.

---

80) 『맹자』「양혜왕 상」 5장에 대한 주자 주.

81) 그렇다면, 이러한 도덕적 권위자는 어떻게 확인할 수 있을까? 만장이 맹자에게 요임금이 순임금에게 천하를 준 일이 있느냐고 묻자, 맹자는 천하는 천자라는 한 사람이 줄 수 있는 게 아니고 하늘이 주신 것이라고 답한다. 그리고 하늘이 주셨다는 것은 행실과 일로써 드러나는데, 요임금이 순임금을 하늘에 천거함에 하늘이 받고 백성들이 받음으로써 보여주었다고 말한다. 이때 백성이 순임금을 받아들임은 백성이 평안한 삶을 사는지 그렇지 않은지에 따라 판단할 수 있다고 대답한다. 하늘의 뜻은 민심과 민생을 통해 나타난다고 본 것이다. (『맹자』「만장 상(萬章 上)」 5.)

82) 『맹자』「고자 하」 6장에 대한 주자 주.

1-4. 의전 개념의 차별성과 의의

앞의 3절에서는 義戰은 전쟁의 이유와 전쟁을 수행하는 이의 자격에 대해 정당한 조건을 요구한다는 점을 살펴보았다.[83] 요약하면, 의전은 왕도정치의 연장으로서 왕도정치의 주체인 인자(왕자: 천리)가 왕도정치의 목적 [인의]을 실현하기 위해, 특히 백성들을 도탄에 빠뜨려 신음케 하는 지극히 불인한 폭정에 대해 부득이하게 벌이는 전쟁이다.

이번 절에서는 맹자의 義戰 개념이 일반적인 전쟁 개념과 어떻게 다른지, 그러한 차별성이 당대 상황 속에서 갖는 의미가 무엇인지, 그것에 내재된 철학적 함의는 무엇인지 밝혀보고자 한다.

가. 의전, 맹자의 시대 비판

맹자의 義戰 주장에 어떤 사상적 지향이 있는지 밝히기 위해 먼저 우리가 주목할 점은 맹자가 당대 현실정치에서 주도적이었던 다른 사상들에 대한 비판을 바탕으로 義戰의 차별성을 강조한다는 점이다.

이와 관련하여 앞서 논의 맥락상 필요한 부분만 일부 인용했던 「이루 상」편 14장에서 맹자가 역설하는 내용을 살펴보자.

---

83) 「1-3. 의전의 요건」에서 살핀 의전의 조건들은 정의전쟁론에서 말하는 전쟁의 정당성(justice of war) 측면과 연관이 깊다. 하지만 맹자의 의전에서 전쟁의 정당성 측면만 발견되는 것은 아니다. 전쟁에서의 정당성(justice in war), 전쟁 이후의 정당성(justice after war)과 상응하는 부분도 있다. 이에 대해서는 뒤의 「2-3. 정의전쟁론을 통해 본 맹자의 의전」을 참조하기 바란다.

24) 맹자께서 말씀하셨다. "구(求)가 계씨(季氏)의 가신이 되어 계씨가 덕(德)을 갖추도록 그를 교화시키지 못하고 도리어 세금을 거두는 것이 이전보다 배로 늘게 하자, 공자께서 말씀하시기를 "구는 나의 무리가 아니다. 얘들아, 북을 울리며 성토하는 것이 마땅하다." 하셨다. 이로 본다면, **군주가 인정(仁政)을 펴지 않는데도 불구하고 부유케 한다면, 모두 공자에게 버림을 받을 자**이다. 하물며 그런 군주를 위하여 영토를 확장하려고 억지로 戰*을 벌여 죽은 사람이 들에 가득하며, 성을 빼앗으려고 억지로 戰*을 벌여 죽은 사람이 성에 가득하게 하는 짓은 어떻겠는가? 이는 이른바 "땅 때문에 사람 고기를 먹는다." 하는 것이니 그 죄는 죽음으로도 갚을 수 없다. 그러므로 **戰*을 잘하는 자는 극형(上刑)**에 해당하고, **제후끼리 합종연횡하게 하는 자는 그다음 형벌**에 해당하며, [패도정치를 펴는 왕을 위해] 황무지를 개간해서 백성들에게 경작하게 하여 **왕을 부유케 하는 자는 그다음 형벌**에 해당한다."84)

위 인용문에서 맹자는 공자가 자신의 제자인 구가 정계에 진출하여 범한 과실을 책망했던 일을 예로 들면서, 인정 [왕도정치]이야말로 공자도 추구하였던 유학다운 정치임을 드러낸다. 그리고 이어서 자신의 시대에 인정에서 거리가 먼 3가지 유형을 제시한다. 첫째는 戰*을 잘하는 것, 둘째는 패권 다툼을 위해 다른 제후국과 합종연횡하는 것, 셋째는 백성을 동원하여 황무지를 개간해서 패

84) 『맹자』「이루 상」14.
여기에 인용된 『맹자』의 글 중 일부분이 본문 맥락에 따라 각각 인용문 6)과 11)에도 인용된 바 있다.

정을 펴는 왕을 부유케 하는 것이다.[85] 주자(朱子)는 이에 대해 다음과 같이 주석하고 있다.

> 25) '**戰*을 잘한다.'라는 것은 손빈(孫臏)이나 오기(吳起)**와 같은 이들을 가리키는 것이요, **'제후끼리 합종연횡하게 한다.'라는 것은 소진(蘇秦)과 장의(張儀)**와 같은 부류를 가리키는 것이요, **'황무지를 개간하여 백성들을 경작하게 한다.'라는 말은 도로까지 경작하게 하는 천맥(阡陌) 제도를 펼친 상앙(商鞅)** 같은 부류를 가리키는 것이다.[86]

위 주자의 주석을 참고해 보면, 맹자가 비판하는 인정(仁政)에서 거리가 먼 유형의 정치를 주도하는 이들은 각각 병가(兵家), 종횡가(縱橫家), 법가(法家)를 가리킨다. 이로 볼 때, 『맹자』 속 義戰 개념은 전국시대에 득세했던 병가, 종횡가, 법가의 전쟁을 큰 죄에 해당하는 戰*, 즉 不義戰으로 비판하는 의미가 담겨있음을 알 수 있다.

맹자의 시대인 전국시대(戰國時代)는 말 그대로 전쟁의 시대였다. 주나라의 중앙권력이 약해지며 춘추시대(春秋時代)부터 일어난 제후국 간의 패권 다툼은 전국시대에 더욱 노골화되어 상호 대립과

---

85) 셋째 유형은, 염구(冉求)의 사례에서 보듯, 인정(仁政)과는 거리가 먼 군주임에도 불구하고 그를 부유케 하려고 더 많은 세금을 거두는 데 초점을 맞춘 정치를 편 것을 말한다. 「고자 하」 9장에서도 이와 유사한 내용이 나온다.

86) 『맹자』 「이루 상」 14장에 대한 주자 주.
위 주자 주석에 언급되는 손빈은 『손자병법』의 저자인 손무의 후손이고 오기는 『오자병법』 저자인데, 두 사람은 전국시대에 활동하던 병가 사상가이다. 소진과 장의는 전국시대 종횡가의 대표적인 인물로 전자는 합종책을 후자는 연횡책을 기획한 인물로 알려져 있다. 상앙은 전국시대에 활동하던 대표적인 법가 사상가로 유명하다.

항쟁이 계속 이어졌다. 각국은 약육강식의 국제정세 속에서 저마다 부국강병을 통해 국력을 키우고 합종연횡(合縱連橫)의 외교전으로 상호 견제하면서 생존과 패권을 위해 몸부림쳤다(이춘식 2005, 75-85).[87] 이에 따라 전쟁은 대규모 농민을 동원한 장기간의 전쟁으로 변모되고, 영토 확장과 부의 약탈을 위해 격렬한 병탄전쟁을 전개하면서 수만 명의 사상자가 나올 정도의 전투가 벌어지는 등 전면적이고 파괴적인 양상을 띠게 되었다(기세찬 2017, 44-45. 및 안외순 2012, 11-12).

인용문 24))에서 보듯, 맹자 역시 이런 당시의 모습을 "영토를 확장하려고 억지로 戰*을 벌여 죽은 사람이 들에 가득하며, 성을 빼앗으려고 억지로 戰*을 벌여 죽은 사람이 성에 가득"하니, 이른바 "땅 때문에 사람 고기를 먹는다."라는 말이 현실이 되었다고 한탄하였다. 맹자 또한 당대의 일반적인 전쟁 양상이 얼마나 파괴적이고 참혹했는지 잘 파악하고 있던 것이다.

여기서 맹자가 말한 성왕의 전쟁에서 실제로 어느 정도의 폭력행위가 있었는지는 차치하고,[88] 그의 義戰 개념이 전국시대의 일

87) 전국시대에 대해 부국강병을 통해 전쟁을 일삼던 일종의 '군국주의 시대'라고 평가하는 견해도 있다(원보신 2012, 39-40). 이와 같다면, '戰國時代(전국시대)'의 '戰'은 '戰*'이라고 해야 할 것이다.

88) 어떤 학자는 뒤의 인용문 27)에 나오는 맹자의 『서경』 해석을 근거로 성왕의 전쟁에는 아무런 혈투나 살상이 없었고 "평화로운 정권교체에 해당할지언정, 결코 오늘날의 군사 쿠데타나 전쟁에 해당하지 않는다."라며 맹자 전쟁관의 핵심이 반전(反戰)에 있다고 주장한다(이주강 2014, 384-385). 그러나 과연 역사적으로 볼 때 맹자가 칭송한 성왕들의 전쟁에 아무런 유혈사태가 없었는지 의문이다(이춘식, 앞의 책, 57-58을 참조할 것). 선행연구자들이 말한 바와 같이 맹자는 실제로 방어전쟁을 수긍하였으며(안외순 2012, 18),

반적인 전쟁 양상을 그대로 반영한 개념이 아니라는 점에 주목할 필요가 있다. 앞의 절에서 인용되었던 글들에서 엿볼 수 있듯이, 맹자의 의전은 파괴와 살상을 일삼는 戰*을 쓰는 전쟁이 아니다. 도리어 도탄에 빠진 백성들이 반기고 환영하는 전쟁이다. 맹자는 병가, 종횡가, 법가와는 다른 입장에서 義戰 개념을 제출하였으며, 이를 성왕의 전쟁을 근거로 정당화하고자 한 것이다. 즉 그의 義戰 개념은 당대 전쟁 관념에 대한 강한 비판의 성격을 가지며, 특히 당대의 무분별한 살상전과는 사뭇 다른 전쟁 개념인 것이다.

나. 적대 관계와 폭력 행동에 대한 다른 관점

우리가 공부했던 클라우제비츠의 전쟁 개념을 떠올려보면, 맹자의 義戰 개념의 차별성을 직관적으로 간파할 수 있다. 클라우제비츠의 전쟁 정의를 소환해보자.

> 26) **전쟁은 우리**의 의지를 실현하려고 **적**에게 굴복을 강요하는 **폭력 행동**이다. (클라우제비츠 2021, 6)

클라우제비츠의 위 전쟁 개념을 구성하는 데에는 몇 가지 중요한 하위 개념이 동원된다. 이 중 맹자의 義戰과 대비해서 주목할 것은 두 가지다. 하나는 우리와 적이라는 적대적 양자 관계, 다른

「양혜왕 하」 편에서는 제나라가 연나라와 벌인 전쟁을 성왕들과 사례와 같이 처리하도록 권한 바도 있다. 대체로 학계에서는 맹자의 전쟁에 대한 견해가 전쟁 자체를 반대하는 반전론보다 불가피한 전쟁 혹은 정당한 전쟁을 긍정하는 정의전쟁론(just war theory)에 가깝다고 본다.

하나는 전쟁은 폭력 행동이라는 것이다.[89] 클라우제비츠에 따르면, 전쟁은 적대관계의 양자가 벌이는 일이다. 그리고 Ⅰ부에서 인용했던 인용문 9), 10)에서 보듯이, 전쟁의 폭력은 국제법상의 관례나 인도주의적 도의로 약하게 할 수 없는 것이다. 그런데 맹자는 다르게 말한다.

> 27) 맹자께서 말씀하셨다. "「서경」의 내용을 모두 믿는다면 「서경」이 없는 것이 나을 것이다. … 중략 … **인(仁)한 사람은 천하에 적(敵)이 없다. 지극한 인(仁)으로 지극히 불인(不仁)을 伐**하였으니, 어찌 피가 흘러넘쳐 절굿공이를 떠다니게 하는 일이 있었겠는가?**"[90]

위 인용문 27)은 맹자가 『서경』 「주서(周書): 무성(武成)」 편의 내용 중 "피가 흘러넘쳐 절굿공이를 떠다니게 했다.(血流漂杵)"는 말을 문자 그대로 해석할 수 없다고 주장하는 대목이다. 맹자에 따르면 무왕과 같은 인자(仁者)는 천하에 적이 없다. 그러기에 무분별한 살육이 벌어지지 않는다는 것이다.

또 맹자는 『서경』 「상서(商書) 중훼지고(仲虺之誥)」 편에 나오는 글을 인용해 다음과 같이 말한다.

---

89) 클라우제비츠는 전쟁을 결투라는 핵심 요소에 따라 살펴볼 때 그 안에 양자관계, 폭력, 상호작용이라는 내용이 들어있음을 드러낸 바 있다. 이와 관련한 자세한 내용은 시리즈 1권 Ⅰ부 「1장. 전쟁은 결투다」 부분을 참조하기 바란다.

90) 『맹자』 「진심 하」 3.

28) "**탕왕이** 갈나라로부터 시작하여 11개국을 **征하셨는데 천하에 대적하는 이가 없었다.(無敵於天下)** 동쪽을 征하면 서쪽의 오랑캐가 원망하고, 남쪽을 征하면 북쪽 오랑캐가 원망하여 말하기를 "왜 우리를 나중에 征하시는가?"라고 하였다. **백성들이 [탕왕이 征해 주시기를]** 바라는 것이 마치 큰 가뭄에 비를 바라듯이 하여 … 중략 … **단비가 내린 듯이 백성들이 크게 기뻐하였다.** … 중략 … **이는 물과 불의 한가운데에 빠진 백성을 구제하고 잔학한 자만을 멸망시켰기 때문이다.**"91)

무왕과 같은 성왕인 탕왕의 예를 드는 위 인용문에서 반복하는 내용은 탕왕에겐 천하에 적대하는 이가 없다는 것이다. 그리고 인용문 27)에서 말한 피가 흘러넘치는 무분별한 살상전이 아니라는 데서 더 나아가는 주장도 한다. 사방 백성들이 서로 자신들을 먼저 征해 달라고 요청할 만큼 탕왕을 환대한다는 것이다. [이와 같은 내용이 앞의 인용문 18)에도 나온다.]

적이 없고, 환대받는다는 내용은 전쟁은 적대하는 상대 사이에서 벌이는 일이라는 생각과 확연히 다르다. 또 무분별한 살상전이 아니라는 내용은 전쟁은 본질상 폭력 행동으로서 법과 도덕으로 통제하기 힘든 파괴와 살상이 따를 뿐 아니라 그러한 폭력이 무제한으로 상승할 수 있는 일이라는 생각과도 전혀 다르다.

그런데 과연 맞서는 적이 없고, 무분별한 살상이 제한되고, 심지

91) 『맹자』 「등문공 하(滕文公 下)」 5.
여기서 맹자가 『서경』을 인용한 내용과 강조하는 주장은 인용문 18)에 소개된 「진심 하」 4장의 내용과 거의 같다.

어 적대가 아닌 환대가 이루어지는 전쟁이 현실적으로 가능한 것일까? 싸우기도 전에 항복한 상황이 아니라면, 과연 어떤 전쟁에서 상대측에 적대자가 없을 수 있을까? 전쟁이라는 혼란한 상황에서 상대국의 불인한 위정자와 그에게 고통받는 백성을 분리할 수 있을까? 인과 불인, 바로잡음 등의 개념은 종교나 이데올로기의 선악 구도와 무엇이 다르며, 그러한 선악 대립이 초래하는 극렬한 적대의 위험을 피할 수 있을까?[92] 전쟁에 관한 이런 주장은 비현실적이라는 비판을 이겨낼 수 있을까?

그러나 맹자의 주장을 문자 그대로 단순히 해석하거나 현실적 실현 가능성만으로 평가하는 것은 잠시 유보하기 바란다.[93] 그의

---

92) 전쟁에서 적의 개념이 선악의 정체성과 결부될 때 폭력성이 절대화될 수 있다는 점에 대해서는 시리즈 1권 Ⅱ부 「1-2. 양자 관계와 적」 부분을 참조할 것(조은영 2024, 41-62). 그리고 정의전쟁론이 정당한 전쟁의 주체를 선으로, 그 대상을 악으로 정당화함으로써 빚을 수 있는 위험에 대해서는 이 책의 Ⅱ부 「3-2. 도덕적 심판의 위험」에서 다룬다.

93) 어떤 사상을 현실에서의 실현 가능성으로 판단하는 것은 그 사상을 평가하는 하나의 기준이 될 수 있겠지만, 그것만이 전부일 수는 없다. 예를 들어 인류가 하늘을 날게 된 과정에 대해서 생각해 보자. 인류는 먼 옛날부터 새처럼 날고 싶어 했지만, 실제로 날게 된 때는 겨우 100여 년 전이었다. 아마도 인류가 비행에 성공하기에 앞서 새가 어떻게 하늘을 날 수 있는지 인간은 왜 날 수 없는지 그 원리나 법칙부터 밝혀야 했을 터이다. 그러한 원리나 법칙을 안 뒤에도 그를 적용하는 현실에서의 기술이나 방법을 개발하는 데 오랜 시간이 걸렸을 것이다. 이처럼 어떤 사안에 대해 문제를 진단하고 원리를 파악한다고 해서 그를 당장 현실에서 실현할 수 있는 것은 아니다.

과학 영역도 이와 같은데, 그보다 더 넓은 지성의 영역을 망라하며 그 최전선에서 분투하는 철학은 어떠할까? 철학은 당장 실현 가능한 방법론을 개발하는 일을 하는 게 아니라, 인류의 삶과 세계에 관해 근원적인 문제를 파악하고 더 나은 원리와 방향을 모색하는 과제를 수행한다. 그러므로 어떤 철학 사상을 단순히 당장 현실에서의 실현 가능성만으로 판단하는 것은 적당하지 않다고 본다. 해당 사상이 우리 현실에 대해 던지는 의문과 그를 극복하려는

주장을 사상적 텍스트로 바라본다면, 그가 역설한 주장의 행간에 담긴 철학적 고민과 그가 구축해내려는 모습이 무엇인지 찾아내는 일이 더 중요하다.

적어도 여기서 우리가 확인할 수 있는 바는 맹자가 전쟁의 내부를 구성하는 적대 관계와 폭력이라는 요소를 간파하고 있다는 점이다. 의전 개념은 적이 없는 전쟁으로서 무분별한 폭력이 횡행하는 전쟁이 되지 않는다고 했는데, 바꾸어 말하면 적대성이 적거나 없는 전쟁은 무분별한 살상전이 되지 않는다고 하는 주장이다. 이는 우리가 클라우제비츠를 공부할 때 통찰한 적대 관계와 폭력의 상관관계에 부합하는 논리이기도 하다. 시리즈 1권에서 우리는 전쟁하는 양자 간의 적대성이 클수록 폭력은 상승하지만, 반대로 적대 관계가 약하면 폭력도 약해진다는 점을 공부한 바 있다. 적대 관계가 약해지다 못해 '적이 없는' 관계가 될 수 있다면, 전쟁의 폭력성이 무제한으로 폭발할 가능성은 크게 줄어들 것이 분명해 보인다.

그렇다면, 이제 우리의 공부는 "과연 어떻게 적이 없는 혹은 적이 있는 상황이 만들어질까?", "어떻게 폭력이 클라우제비츠가 말한 제한 없는 폭발로 이어지지 않을 수 있을까?"라는 질문에 대한 맹자의 답을 살피는 데로 이어져야 할 것이다. 이에 대해서는 다음 2개 절에서 더 논해 보도록 하자.

방향 자체가 어떤 의미와 가치를 가지는지 평가하는 게 더 중요하다고 본다. 그리고 그러한 평가 결과 유의미한 것을 현실에서 어떻게 실현할 것인가 고민하고 시도해보는 것이 다음 과제가 될 것이다.

다. 적대를 넘어 환대로

하나의 철학 체계 안에서 여러 세부 분야의 논의와 통찰은 정합적으로 긴밀히 연계되어 있기 마련이다. 맹자의 철학 체계 안에서 義戰 개념도 마찬가지다. 여기서는 맹자의 왕도정치와 패도정치에 대해 좀 더 자세히 살펴보고, 양자의 구별과 그에 상응하는 義戰과 不義戰의 나뉨 속에서 맹자의 어떤 철학적 고민이 담겨있나 살펴보고자 한다.

> 29) 맹자께서 말씀하셨다. **"힘(力)으로 인(仁)을 가장하는 사람이 패자(覇者)**이니, 패자는 반드시 대국을 소유하여야 한다. 반면 **덕(德)으로 인을 행하는 사람이 왕자(王者)**이니, 왕자는 대국을 가질 필요가 없다. 탕왕은 고작 70리로 정사를 펴셨고, 문왕은 100리로 정사를 펴셨다. **힘으로 다른 사람을 복종시키면** [다른 사람이] **진심으로 복종하는 게 아니라 힘이 부족해서 복종한다**. 하지만 **덕으로 다른 사람을 복종시키면** [다른 사람이] **중심으로 기뻐하여 진실로 복종한다**. 70 제자가 공자 선생님께 진심으로 복종했던 예가 그와 같은 경우이다. 『시경』에 "서쪽에서나 동쪽에서나 남쪽에서나 북쪽에서도 복종하지 않는 사람이 없다"라는 말이 나오는데 바로 이것을 두고 말한 것이다."[94]

위 인용문 29)는 맹자가 패도정치와 왕도정치를 구별해서 설명하는 대표적인 구절이다. 패자(覇者: 패도정치를 펴는 자)는 다른 사람을 위하는 척 인(仁)을 가장하지만, 결국 힘으로 굴복하게 하여

---

94) 『맹자』 「공손추 상」 3.

지배하려는 자이다. 상대를 억지로 억눌러 군림하려는 힘이기에 패자의 힘은 폭력이다. [폭력 개념에 대해서는 시리즈 1권 Ⅱ부 1-3 참조] 힘으로 지배하려 하면 그보다 힘이 부족한 상대일 경우 굴복하지만, 그렇지 않은 경우 그 관계가 역전될 수 있다. 따라서 패자는 늘 상대보다 더 강한 힘이 필요하고, 그에 따라 대국을 소유하고자 하게 된다.

분명 국가 운영에 있어서 경제력이나 군사력과 같은 힘도 중요한 요소이다. 그러나 근본적으로 중요한 것은 백성들의 신뢰를 얻는 것이다.[95] 왕자(王者: 왕도정치를 펴는 자)는 패자와 달리 신하와 백성들로부터 자발적인 복종과 신뢰를 얻는다. 왜냐면 패도정치가 폭력에 의존하는 것과 달리 인정은 인간 본성의 보편성에 근거하여 백성을 '사랑과 정의 [인의(仁義)]'라는 덕에 근거하여 다스리는 정치이기 때문이다. 맹자가 말하는 왕도정치는 민심을 근본으로 하는, 곧 민심이 천심이라는 정치이다.[96]

왕도정치는 덕(德)과 진짜 인(仁)으로 패도정치는 힘(力)과 가짜 인(仁)으로 대비시켰던 맹자는 다른 곳에서는 '덕 vs 폭력' 대신 '인

95) 맹자의 인정(仁政)은 『논어』 「안연(顔淵)」 편의 "먹는 것을 풍족하게 하고 군사력이 풍족하게 되면 백성이 이를 신뢰하게 된다.(足食(족식), 足兵(족병), 民信之(민신지))"에서 백성의 신뢰를 가장 중요시했던 공자의 사상을 계승하는 것으로 볼 수 있다(조은영 2015, 34-38).

96) 맹자는 하늘의 뜻은 민심을 통해 알 수 있다고 했고(『맹자』 「만장 상」 5), 민심을 얻어야 천하를 얻을 수 있다고 했다(『맹자』 「이루 상」 9). 또 주자는 주석하기를 민심을 따르고 민심이 기뻐하는 것이 하늘의 뜻(天意(천의))을 얻는 것이라 했다(『맹자』 「양혜왕 하」 10). 이는 민본사상이라 불리는 유학의 정치사상을 잘 보여주는 대목이다.

의 vs 리(利)'로 비교하기도 한다.

> 30) 맹자께서 양혜왕을 만나러 가셨다. 왕이 묻기를 "선생님께서 천 리가 멀다 않고 방문하셨으니, 장차 내 나라에 **어떤 이로움(利)을 주려 하십니까**?" 하였다. 맹자께서 답하셨다. "**왕께서 어째서 하필이면 이로움을 말씀하십니까? 다만 인의(仁義)가 있을 뿐입니다**. 왕께서 어떻게 하면 내 나라를 이롭게 할까 하시면, 그 아래 신하들도 내 집안을 어떻게 이롭게 할까 할 것이고, 또 그 아랫사람들도 내 몸을 어떻게 이롭게 할까 하여, **윗사람이나 아랫사람이나 서로 이로움을 취하고자 하게 될 터이니, 그러면 나라가 위태로워질 것**입니다. 수레 만 대가 있는 나라의 군주를 시해하는 자는 반드시 천 대의 수레를 가진 가문에서 나오고, 수레가 천 대인 나라에서 그 군주를 시해하는 자는 백 대의 수레를 가진 가문에서 나오게 되니 …중략… **만일 의(義)를 뒤로 하고 이로움(利)을 먼저 하면, 이처럼 [윗사람이든 아랫사람이든 남의 것을] 모두 다 빼앗지 않고는 만족해하지 않습니다**."[97)]

위 인용문은 맹자가 양혜왕에게 왕도정치를 권하는 중에 나오는 말이다. 여기서 왕도정치를 대표하는 말은 인의(仁義)이고, 그와 상반되는 개념으로 소개하는 리(利)는 패도정치에 해당한다고 볼 수 있다.

맹자는 리(利)를 우선할 경우 나라가 위태롭게 될 것이라고 경고한다. 리(利)는 '나'에게, 즉 내 나라(吾國), 내 집안(吾家), 내 몸(吾身)에 초점을 맞추어 '모든 것을 내 것으로 빼앗아 오기 전에는 만족

97)『맹자』「양혜왕 상」1.

함이 없는' [『맹자』 원문에 나오는 '불탈불염(不奪不饜)'이 이런 뜻이다.] 배타성과 폭력성을 띠기 때문이다.

주자는 리와 인의에 대해 다음과 같이 주석한다.

> 31) 여기서 말하는 **인의는** 사람 마음에 고유하게 뿌리박고 있는 것으로 천리(天理: 하늘 이치)의 **공변됨(公)**이다. 그러나 리를 좇는 **마음(利心)은 나와 남을 서로 구별하는 데서 생기는 것**으로 **인간 욕망(人欲)의 사사로움(私)**이다. 천리를 따르면 리(利)를 구하지 않아도 저절로 이롭지 않음이 없고, 인욕을 따르면 리(利)를 구하여도 얻지 못하고 해로움이 따른다.[98]

위에서 인의가 하늘의 이치에 속하는 것으로서 사람 마음의 고유한 데에 있다는 말은, 맹자가 주장하는 성선론(性善論)에 대입해서 보면, 인간 본성을 이루는 선한 내용이 인의라는 말이다. 이때 인의는 모든 인간이 공통으로 소유한 선한 마음을 근거로 '공(公)'이라는 보편성과 공공성을 가진다.

반면, 리는 나와 남이라는 구별에서, 즉 자신과 타자를 배타적으로 경계 짓는 데서 비롯한다. 리는 보편과 공공의 선한 본성과 대척점에 있는 편협하고 이기적인 욕망에 해당한다. 주자는 이를 '공'에 대비되는 '사(私)'로 규정한다.[99] 리의 폐해에 대해 맹자는

---

98) 『맹자』 「양혜왕 상」 1장에 대한 주자 주

99) 만약 모든 사람이 소유하고 있다는 점에서 보면, 인의나 리나 모두 인간에게 보편적 특성이라고 말할 수 있을 것이다. 그러나 유학자들은 인의 [도덕성]를 다른 동물들에게는 없는 인간만의 고유한 본성으로 보기 때문에 인의와 리를 차별화한다. [이에 관해서는 I부 「2-1. 맹자, 인간을 믿다」 부분을 참조할 것]
 또 하나는 '공'과 '사'의 차이이다. 다산 정약용에 따르면, 仁(인)은 두(二) +

짧지만 매우 강렬한 어조로 정리한 바 있다. 인용문 30)에서 말한 이로움을 앞세우면 남의 것을 모두 빼앗지 않고는 만족하지 못한다는 '불탈불염(不奪不饜)'이 그것이다.

이로 볼 때, 맹자가 인의가 아닌 리를 반대한 이유는 리의 관점에서는 타자가 공존의 대상이 아니라 탈취의 대상이 되기 때문이다. 즉 리는 나와 남을 구별하는 배타성에서 비롯한다. 그리고 남의 것을 빼앗는 폭력성을 드러내며, 결국 남의 것을 자기 것으로 삼키는 포식성으로 이어진다. 나와 타자의 관계 측면에서 보면, 리를 앞세우는 욕망은 사적인 배타성으로서 적대의 기제가 되는 것이다. 그러기에 주자는 태사공(太史公)의 말을 빌려 '리(利)는 혼란(亂)의 시초'라고 꼬집는다.[100)]

리는 적대를 증폭하고 그에 따라 혼란을 일으키지만, 인의는 그렇지 않다. 앞서 반복해서 언급했듯이, 맹자는 義戰Ⅰ '적이 없는

사람(人)으로 해석된다. 인이라는 덕은 부모와 자식, 임금과 신하, 남편과 아내 등의 두 사람의 관계 속에서 [이는 유학에서 말하는 오륜의 부자유친(父子有親), 군신유의(君臣有義), 부부유별(夫婦有別) 등을 염두에 두고 한 말이다.] 서로의 본분을 다할 때 성립하는 개념이다.(『논어고금주(論語古今註)』「안연(顏淵) 제십이(第十二)」| 정약용 2010, 300-303.) 즉 유학에서 말하는 인의라는 덕은 타자를 전제하는 관계의 문제에 방점이 있다. 반면, 리는 '불탈불염'에 이르는, 그래서 타자를 배제하고 제거하여 자신만 남긴다. 다산의 견해에 비추어 볼 때, '공'은 타자와의 관계 속에서 나를 바라보는 방식이고, '사'는 타자를 배제하고 나만 보는 방식이다.

100) 『맹자』「양혜왕 상」1장에 대한 주자 주

맹자가 인의와 리를 도덕적으로 선명히 분별하는 데 주목할 필요가 있다. 그는 순임금과 같은 성왕과 도척과 같은 도적의 차이는 선(善)과 리(利)의 차이일 뿐이라고도 했다. [이때 선(善)이란 인의로 보아도 무방하다.] (『맹자』「진심 상」25.) 그의 이러한 입장은 전쟁 문제와 관련해서 도덕적 차이가 전혀 다른 차별적인 두 개의 전쟁을 낳게 한다고 주장하는 셈이기 때문이다.

(無敵) 전쟁'이라고 주장하는데, 그는 이를 인정(仁政)에서 비롯하는 효과로 설명하곤 했다.

> 32) 맹자께서 대답하셨다. … 중략 … "왕께서 만일 백성에게 **인정(仁政)을 베푸시면** … 중략 … [백성들로 하여금] **몽둥이를 만들어 진나라와 초나라의 견고한 갑옷과 날카로운 병기를 매질하게 할 수 있을 것**입니다. 저들이 백성들의 농사철을 빼앗아 백성들이 밭 갈고 김매어 그 부모를 봉양할 수 있게 하지 못하면, 부모가 얼고 굶주리며 형제 처자가 뿔뿔이 흩어질 것이니, 이렇게 **저들이 그 백성을 함정에 빠뜨리고 도탄에 빠뜨리거든 왕께서 가서 征 하신다면 누가 왕과 더불어 적이 되겠습니까?** 그러므로 **'인자(仁者)는 적이 없다(無敵).'** 한 것이니, 부탁하건대 왕은 의심하지 마십시오."[101]

오늘날 '무적(無敵)'이란 말은 "매우 강하여 겨룰 만한 맞수가 없음"[102]이라는 의미로 쓰인다. 그런데 위 인용문에서 맹자가 말한 '무적(無敵)'을 이 뜻으로 해석하는 것은 적절하지 않다.

『맹자』에서 '적(敵)'이라는 단어는 두 가지 의미로 쓴다. 하나는 인용문 17)의 "적국(敵國), 불상정야(不相征也)(대등한 나라 간에는 征하지 못한다)"와 같이 서로 대등한 상대를 가리킬 때 쓰는 적(敵)이 있다. 이때는 '짝(匹)' 또는 '마주함 혹은 상응함(當)'이라는 의미이다.[103] 또 하나는 위의 무적(無敵)의 적(敵)의 경우인데, 이는 원수

---

101) 『맹자』 「양혜왕 상」 5.

102) "무적", 『표준국어대사전』 인터넷판, 국립국어원. (https://stdict.korean.go.kr/search/searchResult.do.)

103) 『이아(爾雅)』 「석고(釋詁)」 1장에 보면 적(敵)은 짝(匹) 또는 상당함(當)으로

를 뜻하는 '구(仇)'라는 의미로 보아야 한다.104) 왜냐하면 '무적(無敵)'은 인정을 펴는 왕에 의한 征에 대하여 백성들이 적대하지 않고 도리어 환대한다는 맥락에서 쓰기 때문이다.105) 또 맹자가 성왕의 征과 달리 戰*은 원한을 맺게 한다고 말한 것에서도 이를 유추할 수 있다.106) 이처럼 戰*에서 상대는 원한과 복수의 대상인 적 [仇: 원수]이 된다. 그런데 義戰은 그런 적을 대상으로 하거나 그런 적을 만드는 전쟁이 아니라는 것이다.

우리는 맹자가 인의와 리를 나와 타자의 관계에 대한 철학적 의미로 푸는 대목을 유념할 필요가 있다. 시리즈 1권에서 나와 타자의 양자 관계가 어떻게 적대의 관계가 되며, 적의 의미가 얼마나 다층으로 분화되는지 살펴본 바 있다. 타자와의 관계에서 적대의 정도에 따라, 비록 타자라 하더라도 환대의 관계로 우리가 되느냐 되지 않느냐에 따라 전쟁의 성격이 달라질 수 있다는 점을 기억할 것이다.

맹자가 볼 때 자신의 시대는 戰*의 시대였다. 戰*은 타자와의 관계에서 서로 뺏고 빼앗기는 적대 관계로서 벌어지며, 양자의 적대 관계를 매개하는 것이 리이다. 맹자는 이러한 리를 앞세우는 시대

해석한다.

104) 『설문해자(說文解字)』 복부(攴部)를 보면, '적(敵)'은 원수(仇)라는 뜻을 갖는다.

105) 인용문 18), 28) 참조

106) 맹자는 戰*을 벌이려는 양혜왕에게 다음과 같이 물었다.

"왕은 군대를 일으켜 군사와 신하를 전장의 위험에 내몰며 **戰*을 해서** 다른 제후들과 **원한을 맺어야** 마음이 통쾌하시겠습니까?"(『맹자』 「양혜왕 상」 7.)

이와 유사한 내용이 「양혜왕 상」 5장에서 양혜왕이 제(齊)나라와 초(楚)나라에 설욕하려는 의도에 대한 주자 주에서도 나온다. 해당 내용은 아래와 같다.

"**양혜왕의 뜻은 원한을 보복하려는 데에** 있고, 맹자의 논의는 백성을 구제함에 있다."

상을 비판하고 인의를 그 대안으로 제시하고 있다. 맹자에 따르면 인의는 인간의 보편성으로서 모든 사람에게 확장할 수 있는 공동 가치가 될 수 있다. 인정은 백성의 편에서 백성의 일상과 생업을 돌보는 데 우선하여,[107] 군주와 백성을 부모와 자식 같은 관계로 묶어주고,[108] 군주가 백성과 더불어 같이 즐거워한다는 '여민동락(與民同樂)'을 가능하게 하며,[109] 주변의 오랑캐조차 자신의 땅에까지 인의의 확산이 미치기를 고대하게 만든다. 이처럼 인의는 나의 본성에서 출발하여 공(公), 여(與), 동(同), 환대 등의 의미로 확산한다. 이 개념들은 나의 이익밖에 없어 배타성과 폭력성으로 내달리는 '사(私)', '리(利)', '폭력(力)'의 계열과는 근본적으로 다르다. 맹자가 볼 때, 사랑과 정의(仁義)야말로 나를 뛰어넘어 함께 우리가 되는 근거가 된다.

> 33) [양혜왕이] 갑자기 묻기를 "천하를 어떻게 안정시킬 수 있겠습니까?' 하니, 내가 답하여 가로되 "하나로 통일하면 안정될 것입니다." 하였다. **"누가 능히 통일시킬 수 있습니까?"** 묻기에 **"사람 죽이기를 좋아하지 않는 사람이 능히 통일할 수 있습니다."**라고 답하였다. "누가 능히 그에게 돌아가겠습니까?" 묻기에 "천하에 돌아가지 않는 이가 없을 것입니다. … 중략 …" 라고 답하였다.[110]

---

107) 『맹자』「양혜왕 상」 3.
108) 인용문 23) 참조.
109) 『맹자』「양혜왕 하」 1.
110) 『맹자』「양혜왕 상」 6.

맹자에 따르면, 천하는 하나로 통일되어야 안정된다. 그리고 그 일은 '사람 죽이기를 좋아하지 않는 사람'이 할 수 있다. 여기서 '사람 죽이기(殺人)'란 실제로 사람을 죽이는 일을 말하는 게 아니라 「양혜왕 상」편 4장에서 설명한 사람을 죽이는 정치를 이르는 것이다.[111] 그에 반해 천하를 통일할 '사람 죽이기를 좋아하지 않는 사람'이란 '차마 하지 못하는 마음(불인지심(不忍之心))'인 인(仁)을 바탕으로 '차마 하지 못하는 정치(불인지정(不忍之政))'를 펴는 사람, 즉 인정을 펴는 사람이다.[112] 맹자가 볼 때 하나로의 통합은 인의에 근거한 인정에 있는 것이다.

우리가 전쟁에서 평화로 전환하려면 적대를 줄이고 환대를 늘려야 한다. 왜냐면 적대가 고조될 때 전쟁 가능성과 그에 수반되는 폭력성이 증폭되기 때문이다. 맹자는 왕도정치와 패도정치, 의전과 불의전, 인의와 리로 대비되는 철학적 모색에서 양자 관계 속 적대와 환대 문제를 보다 근원적으로 돌아보게 한다. 나와 타자가

111) 이는 다산(茶山)의 견해를 따른 것이다. 다산에 따르면, 인용문 33)에서의 '사람 죽이기(살인(殺人))'는 병장기나 흉기로 죽인다는 의미가 아니라 왕도정치를 행하지 않음으로 인해 벌어지는 폐해를 가리킨다. 그런 정치적 실패야말로 「양혜왕 상」 4장에서 말하는 사람을 죽이는 정치를 행하는 것이기 때문이다. (『여유당전서(與猶堂全書)』 제2집 5권 「맹자요의」 양혜왕 상 〈양양왕망지불사장(梁襄王望之不似章)〉 | 정약용 1994, 36-37.)

112) 이런 해석은 『사서보주비지(四書補註備旨)』에서 보인다(김경수·박상택 2015, 117). 또 제선왕이 제물로 쓰일 소를 불쌍히 여긴 마음에 착안하여 인정(仁政)을 권한 「양혜왕 상」 7장에 대해 주자는 왕도(王道)를 행하도록 말씀한 부분이며, 왕도의 요체는 차마 하지 못하는 마음(불인지심: 제물로 쓰일 소조차 차마 죽이지 못하는 측은지심 [인(仁)의 마음]을 가리킨다)을 근거로 차마 하지 못하는 정치(不忍之政)를 행하도록 하는 데 있다고 주석하고 있다. 한편, 차마 하지 못하는 정치에 관한 내용은 「공손추 상」 6장에서 볼 수 있다.

다르다는 점에서 비롯하여 타자가 적에 이른다는 점을 상기하면 (조은영 2024, 43-46), 나와 타자의 공통 기반과 공동가치를 중심으로 '우리'로 확장하는 것이 중요하다. 맹자의 견해에 따른다면, 나와 타자를 '불탈불염'의 적대로 이끄는 것은 사적인 배타성인 이기심에 기인한다. 적을 만들지 않을 뿐 아니라 다름을 넘어 나와 타자가 함께(與), 같이(同), 우리 하나(一)로 결속하며 확장할 수 있는 토대는 우리가 모두 소유하고 있는 인의에 있다. 요약건대, 의전이 적이 없는 전쟁이라는 주장은 그의 인간 도덕성에 대한 믿음과 그러한 도덕적 본성에 기초한 인간 공동체의 회복을 정치의 과제로 보는 정치철학의 연장선에서 피력될 수 있는 것이라 하겠다.

라. '바로잡음'의 전쟁

우리는 앞 절에서 맹자가 자신의 정치론과 인성론을 배경으로 전국시대의 패도정치가 벌이는 不義戰의 참상의 근본 원인을 어떻게 진단하는지 살펴보았다. 맹자에 따르면, 패도정치는 리(利)를 앞세워 타자에 대한 배타성과 폭력성으로 적대성을 심화시키고 반복하여 不義戰을 벌임으로써 땅 때문에 사람 고기를 먹는 지경에 이르게 한다. 맹자는 리가 아닌 인의에 근거한 왕도정치로 전환해야 한다고 역설한다. 인의는 인간 보편의 선한 본성의 내용으로서 나와 타자가 적대가 아닌 함께(與), 같이(同), 우리로 하나(一)가 되는 환대의 토대가 되기 때문이다. 인정은 적을 만드는 패도정치와 달리 적을 없게 한다. 따라서 義戰이 적이 없는 환대받는 전쟁이라는 주장이 가능한 이유는 근본적으로 인간의 선한 본성에 근거한 정치의 실천을 전제하고 있기 때문이다.

이제 여기서는 義戰이 무분별한 살상전이 아니라는 또 다른 이유를 살펴볼 차례가 되었다. 전쟁이 무분별한 살상전인지 아닌지 따지는 것은 전쟁의 성격이 무제한적인지 제한적인지 구별하는 것으로 환원해서 생각할 수 있다. 이는 클라우제비츠가 무제한적 절대전쟁과 제한적 현실전쟁을 구별했던 일을 떠올리면 좋겠다. 클라우제비츠는 폭력의 정도가 어떻게 현실적으로 제한되는지, 즉 마찰 여부에 따라 폭력이 절대적으로 상승하는지 아니면 현실적으로 제한되는지 따졌다. 클라우제비츠는 무제한과 제한의 분기에서 폭력을 통제할 수 있는 게 정치라고 주장한 바 있다(조은영 2024, 75-82 및 141-148).

맹자가 왕도정치가 적이 없는 전쟁을 이끌어낸다고 본 점에서 클라우제비츠와 같이 정치의 역할이 전쟁 통제 측면에서 중요하다고 보았다고 할 수 있다. 하지만, 맹자는 거기서 더 나아가 보다 근원적인 측면까지 조명했다는 점에서 클라우제비츠와는 차별된다. 우리가 앞서 살펴본 바와 같이 맹자는 그의 인성론 상의 통찰에 근거해 모든 것을 빼앗지 않고는 멈추지 않는 리(利)의 욕망에 따른 不義戰은 무제한적이고 무차별적이지만, 타자와의 공존을 가능케 하는 인의에 근거한 義戰은 그렇지 않다고 역설한 바 있다.

그런데 이러한 이유 외에도 맹자에게는 또 다른 이유가 있다. 앞에서 인용했던 몇몇 인용문을 다시 찾아보면 의전이 무엇인지, 그 구체적 내용이 어떤 것인지 설명되어 있다. 義戰은 "바로잡는 것(正)"이요, [인용문 18)] "지극한 인으로 지극한 불인을 伐**하는 것"

이다. [인용문 27)] 구체적으로 義戰은 백성을 편안케 하려는 것이요, [인용문 18)] 물구덩이와 불구덩이에 빠뜨리는 폭정을 휘두른 잔학한 군주를 처벌하고 그 치하에서 고통받던 백성들을 구제하는 것이다. [인용문 28)]

이로 볼 때, 義戰은 무왕이나 탕왕과 같이 왕도정치를 펴는 이가 백성을 고통에 빠뜨린 폭군을 대상으로 행한다. 그러므로 지극한 인으로 지극한 불인을 징벌한다고 말하는 것이다.113) 그리고 義戰의 이유는, 「1-3. 의전의 요건」에서 살펴본 바와 같이 인의의 실현으로서 인정, 즉 백성을 고통받게 하는 정치를 그치고 백성을 편안케 하는 정치로 복원하는 데 있다. 따라서 불인에서 인으로, 혼란(亂)에서 다스림(治)으로의 복원은 잘못된 것과 흐트러진 것을 바로잡는다는 뜻이 된다.

이처럼 義戰은 잔학한 군주를 대상으로 한 벌죄(罰罪: 죄에 대해 처벌함)를 의미한다. 義戰을 '바로잡음'으로 규정하는 대목도 그 연장선에 있다. 또 맹자가 제벌연지사 사례에서 義戰을 법관과 죄인 사이의 처벌 문제로 비유했다는 사실도 기억할 것이다. 이를 통해 알 수 있는 점은 맹자가 義戰을 도덕적·사법적 명분과 의도에 따른 행위로 본다는 점이다.114)

---

113) 인용문 21)에서도 義戰이 징벌의 개념을 내포함을 보여준다. 해당 인용문에서 맹자는 춘추·전국시대의 제후들이 벌인 전쟁과 달리 정치를 혼란케 한 제후들을 징벌하려는 목적에서 시행하는 천자의 討(토)와 伐**을 예시로 보여준다.

114) 인용문 21)을 통해 맹자의 義戰 개념을 추론해 보아도 義戰의 도덕적·사법적 특성을 알 수 있다. 인용문 21)을 보면, 천자는 자신의 봉토(封土)를 바르

전쟁을 도덕적·사법적 행위로 본다면, "전쟁 시에는 법이 침묵한다."라는 주장이 도리어 침묵하게 되고, 전쟁에는 도덕적·법적 질서 내에서 이루어지는 정당성과 합법성이 요구된다. 전쟁이 '나'와 '적'의 생사를 건 결투로서, 승리만이 의미가 있을 때 양자 간 폭력 상승의 무제한성은 근본적으로 사라지지 않는다.[115] 그러나 전쟁 상위에 도덕적·법적 질서가 전제되고 전쟁이 무력을 통해 훼손된 질서를 회복하는 일이 된다면, 무분별한 무제한의 폭력이 허용될 수는 없다. 이런 전쟁 안에서 이루어지는 전쟁 행동에서의 폭력은 적을 저항할 수 없게 만들려는 제한 없는 폭력이 아니라 도덕질서·법질서를 해치는 불의와 불법에 대한 처벌로서 분별 있는 사법적 성격의 폭력으로 제한될 것이다. 경찰이 사용하는 공권력이 폭력배가 휘두르는 악랄한 폭력처럼 무분별하고 무제한적일 수 없는 것과 같다. 의전의 무력과 경찰의 공권력은 적에 대해 사용하는 것이 아니라 범죄자에 대해 사용하는 것이라는 점에서 같다.

위와 같이, 맹자는 당대의 戰*을 비판하고 義戰을 유학적 전쟁 개념으로서 새롭게 제출한다. 義戰은 戰*과 달리 무분별한 살상전이 아니라 적이 없는 전쟁이며 불의를 바로잡는 도덕적·사법적 전

게 통치하지 못하는 제후를 토·벌(討·伐)할 수 있다. 여기서 천자체제 하에서 伐**의 사법적 특성이 설명된다. 또 맹자의 견해에서 보면, 천자는 성왕과 같은 도덕적 자격을 갖춘 천리(天吏)를 가리키는 것이기에 伐**의 도덕적 특성도 설명된다.

115) 클라우제비츠가 전쟁을 양자 결트로 비유하는 데서 출발하여 인용문 26)의 전쟁 정의를 도출한다. 이때 '나'와 '적'으로 만나는 양자 사이에는 도덕적 우열은 의미가 없다. 오직 힘의 우열만이 중요하다. 따라서 폭력의 무한상승이 촉발된다(클라우제비츠, 2021, 59-64).

쟁이다. 이때 '적이 없는 전쟁'과 '불의를 바로잡는 전쟁'에 관통하는 사상적 근거는 바로 왕도정치(인정) 사상이다. 적이 없는 전쟁을 주장하는 이유는 그 전쟁이 리가 아닌 인의에 근거한 인정의 연장이기 때문이며, '불의를 바로잡는 전쟁'이 성립하기 위해 전제되는 도덕적·법적 질서는 바로 인정으로 구축되는 유가적 도덕질서를 뜻하기 때문이다. 따라서 맹자의 義戰 개념은 戰*으로 점철된 시대를 극복하고 유가의 이상적인 정치공동체를 실현하려는 사상적 모색 속에서 제출된 것이라 할 수 있다.116)

---

116) 義戰이 도덕적·사법적 전쟁이라면, 여기에는 의로운 자와 불의한 자, 벌하는 자와 벌 받는 자 사이에 공통으로 적용되는 단일한 도덕질서, 법질서가 전제된다. 그러한 질서 밖에 있는 이를 대상으로 법적 처벌을 시행할 수는 없기 때문이다. '나'와 '적'의 전쟁에서는 상대의 도덕과 법을 수용할 이유가 없다. 오히려 두 개의 질서가 충돌하여 서로의 질서를 강요하여 관철하려는 게 전쟁이 된다. 그렇다면, 맹자가 생각한 단일 질서는 무엇일까? 이에 대해서는 향후 더 깊은 연구가 필요하리라 본다. 다만, 선행연구에서 언급한 그 일단을 꼽아보면 다음과 같다.

이희주(2011)에 따르면, 맹자는 "'征'을 유교문명의 구조 속에 한정시킴으로써, 하극상의 정치적 혼란을 방지하고자 한 것"이고, '伐'은 "유가적 질서의 틀 속에서 행해지는 정당한 무력의 사용"으로 보았다. 이희주가 말하는 '유교문명의 구조' 혹은 '유가적 질서의 틀'이란 "덕을 매개로 하는 유가적 공동체"가 그 중심에 있다. (이희주 2011, 17-18) 안외순은 맹자의 전쟁과 평화에 대한 논의는 전국시대라는 현실에서 "전쟁으로 점철된 현실을 종식시키고 영구평화를 구축하기 위하여 어떻게 해야 하는지를 고민한 것"이었다고 본다. 맹자의 궁극적인 목적은 "공존을 위한 인간 공동의 조직적인 노력"인 정치 본연의 모습을 복원하여 "인의가 우선되고 민생과 윤리가 우선되는 정치공동체"를 구현하는 데 있기 때문이다. (안외순 2012, 29-30. ; 안외순 2016. 27-28.) 황준걸은 맹자가 정치의 영역을 여러 사회집단 혹은 계급 사이의 이익이 핵심이 되는 곳이 아니라 "하나의 도덕적 사회지역(community)"으로 생각했다고 본다. (黃俊傑, 『孟學思想史論』 卷1, 臺灣 東大圖書公司, 1991. 171쪽. (원보신 2012, 169)에서 재인용) 이처럼 선행연구자들이 공통적으로 유가적 질서체제로 언급하는 것은 인의로 대표되는 도덕적 공동체임을 알 수 있다.

2장

정의전쟁론과 의전

2-1. 정의전쟁론이란?

가. 전쟁에 대한 3가지 태도

전쟁은 존 뉴턴(John Newton)이 목격한 떨어지는 사과와 같은 자연 현상과는 다르다. 인간의 의지와 목적, 가치와 욕망, 여러 사회·문화적 요인들이 복합적으로 결부되어 벌어지는 일이다. 따라서 전쟁은 인간적인 차원에서 호불호, 선악 등의 평가가 따르기도 한다. 물론 그와 같은 가치판단이 칼로 두부 베듯 간단하고 선명한 것은 아니다.

그럼에도 불구하고 전쟁을 윤리적 관점에서 다음과 같이 물을 수 있다. 전쟁은 선인가? 악인가? 아니면, 아예 선악과는 무관한 것인가? 이 물음이 중요한 이유는 전쟁에 대한 윤리적 평가에 따라 전쟁에 대한 태도가 달라지기 때문이다. 이번 절에서는 이와 관련하여 3가지 장면을 소개하고, 그와 연계된 전쟁에 관한 3가지 견해를 설명할 것이다. 당연히 그 3가지 견해 안에 정의전쟁론이 포함된다.

소개할 3가지 장면 중 첫 번째는 성경 속 천국의 모습이다. 성경의 관점에서 볼 때 미움, 질시, 탐욕, 다툼 등은 인간의 악한 죄로 인한 것이다. 전쟁은 그런 죄악된 인간 모습의 결정판이라고 해야 할지도 모르겠다. 신적인 평화는 갈등과 폭력의 반대편에 있다. 성경에선 신이 약속한 구원자, 즉 메시아가 통치하는 천국의 모습을 아래 인용문과 같이 그려내고 있다. 이는 신적 평화에 대한 은유이다.

> 34) 그때에 이리가 어린 양과 함께 살며 표범이 어린 염소와 함께 누우며 송아지와 어린 사자와 살진 짐승이 함께 있어 어린아이에게 끌리며 암소와 곰이 함께 먹으며 그것들의 새끼가 함께 엎드리며 사자가 소처럼 풀을 먹을 것이며 젖 먹는 아이가 독사의 구멍에서 장난하며 젖 뗀 어린아이가 독사의 굴에 손을 넣을 것이라 내 거룩한 산 모든 곳에서 해 됨도 없고 상함도 없을 것이니 이는 물이 바다를 덮음같이 여호와를 아는 지식이 세상에 충만할 것임이니라 (이사야 11장 6~9절)[117]

천국은 이리와 어린 양, 표범과 어린 염소, 송아지와 사자가 스스럼없이 같이 살고 갓난아이가 독사 구멍에서 장난치며 지내는 곳이다. 해됨도 상함도 없고 서로 적대하거나 살육도 없는 상태

---

117) 이 책에 인용하는 성경의 한글 번역본은 대한성서공회의 개역개정본을 따랐다.
(출처: https://www.bskorea.or.kr/bible/korbibReadpage.php)

일 뿐 아니라, 거기서 한 걸음 더 나아가 힘의 관계에서 가장 위험하고 아슬아슬한 사이의 양자가 함께 어우러져 행복한 세상이다. 신적 평화는 단순히 전쟁이 중단되거나 부재한 상태에 머무는 게 아니다. 적대가 사라지고 함께 어울려 조화로운 상태에 이르는 것이다. 만약 이룰 수만 있다면, 위 인용문과 같은 신적 평화야말로 인류가 이루고 싶은 이상적인 평화의 모습이 아닐까?

이제 두 번째 장면으로 넘어가 보자. 이번에 살펴볼 장면은 전쟁을 평화의 반대편에 있는 인류가 배제하고 멀리할 것으로 보는 첫 번째 장면과는 전혀 다른 장면이다. 이 장면은 기원전 5세기경 인물인 투키디데스(Thucydides)의 저서 『펠로폰네소스 전쟁사』에 기록된 '멜로스 대화(the Melian Dialogue)'라 불리는 일화 속 인물들의 대화 장면이다.

멜로스 대화는 전쟁을 인간 사회의 자연스러운 현실로 보는 견해를 보여주는 대표적인 사례로 꼽히곤 한다.118) 멜로스 대화는 스파르타의 식민지였던 멜로스를 아테네군이 침공하면서 아테네 사절단과 멜로스 의원들 사이에 나눈 대화를 가리킨다. 아테네 사절단은 멜로스가 항복하여 아테네의 지배를 받아들이지 않으면 몰살시키겠다고 위협한다. 멜로스 사람들은 신의 정의와 자신과 동맹이었던 스파르타가 지원해 줄 것을 내세우며 아테네의 몰살 계획을 비난하고 아테네의 노예가 되기를 거부한다. 그러나

---

118) '멜로스 대화'는 전쟁에 관한 현실주의의 도덕적 태도를 잘 보여주는 일화로 꼽힌다. 일례로 정의전쟁론을 다룬 마이클 월저(2007), 세계정치론을 다룬 존 베일리스 외(2021)에서도 멜로스 대화를 현실주의의 대표적 사례로 소개하고 있다.

아테네 사절단은 멜로스 의원들의 주장을 가볍게 일축한다.

> 35) 여러분이 **눈앞의 현실에 근거하여** 여러분의 도시를 구할 방법을 강구하기 위해서가 아니라 여러분의 장래에 관해 제멋대로 억측을 늘어놓기 위해 우리를 만난 것이라면, 우리는 회담을 중단할 것이오. … 중략 … **인간관계에서 정의란 힘이 대등할 때나 통하는 것이지, 실제로는 강자는 할 수 있는 것을 관철하고, 약자는 거기에 순응해야 한다**는 것쯤은 여러분도 우리 못지않게 아실 텐데요. … 중략 … 여러분은 대등한 상대와 싸우는 것이 아니므로, 체면을 세운다든가 치욕을 면하는 따위의 문제와는 아무 상관이 없소. **이것은 여러분이 살아남느냐 하는 문제**이며, 그러기 위해서 여러분보다 압도적인 강자에게 저항해서는 안 되오. … 중략 … 우리가 이해하기에, 신에게는 아마도, 인간에게는 확실히, **지배할 수 있는 곳에서는 지배하는 것이 자연의 변하지 않는 법칙**이오. 이 법칙은 제정한 것도 아니고, 이 법칙이 만들어지고 나서 우리가 처음으로 따르는 것도 아니오. **우리는 이 법칙을 하나의 사실로 물려받았고**, 후세 사람들 사이에 영원히 존속하도록 하나의 사실로 물려줄 것이오. 우리는 이 법칙에 따라 행동할 뿐이며, 우리가 알기에 **여러분이나 다른 누구도 우리와 같은 권력을 잡게 되면 우리처럼 행동할 것이오**. (투키디데스 2017, 481-486)[119)]

아테네 사절단은 멜로스 대표에게 눈앞의 현실을 직시하라고 다

---

119) 인용한 참고문헌에선 저자를 '투퀴디데스'로 표기했지만, 본문에서 쓴 표준어 표기법과 혼동을 피하기 위해 '투키디데스'로 썼음을 밝힌다. 다만, 책 후미의 참고문헌에서는 해당 책자의 원래 표기대로 기록했다.

그친다. 아테네 사절단에 따르면, 힘이 강한 자는 살아남고 힘이 약한 자는 살아남기 위해서 굴종하거나 그렇지 않으면 죽음을 감수해야 한다. 정의와 같은 윤리적 논의는 양자가 힘이 대등할 때나 가능한 일이다. 왜냐면 힘이 강한 자가 약한 자를 지배하는 게 불변의 자연법칙이기 때문이다.

아테네 사절단이 말하는 현실이란 힘의 균형추에 따라 자신의 이익을 관철하거나 박탈당하는 모습이다. 정의나 법과 같은 것은 힘의 논리 앞에서는 아무짝에도 쓸모가 없다. 그와 같은 현실은 자연법칙이라고, 즉 필연적인 모습이라고, 누구나 다 그 법칙을 따르게 되어있다고 주장한다.

TV 장수 프로그램인 「동물의 왕국」에서는 아프리카 야생의 모습을 생생하게 보여주곤 한다. 사자나 치타가 가젤이나 물소를 공격하여 잡아먹는 모습은 약육강식의 정글의 법칙이 지배하는 실상을 적나라하게 보여준다. 굶주린 야수가 연약한 동물을 잡아 피를 튀기며 살점을 찢고 목덜미를 물어 숨통을 끊는 모습은 끔찍하고, 죽어가는 초식동물은 불쌍하기 그지없다. 그렇다고 우리가 이런 상황에 대해 비윤리적이라고 비난하거나 맹수들의 살육을 범죄라고 처벌하지는 않는다. 자연의 법칙에 따른 일로 그대로 받아들인다.

앞의 인용문 35)에서 인간 사회에서 힘의 우열에 따른 지배와 피지배, 그 사이에서 벌어지는 전쟁을 '자연법칙'이라고 말한 것을 기억할 것이다. 아테나 사절단에 따르면, 전쟁은 인간 사회에서 자연스러운 일이며, 그대로 받아들일 현실인 것이다. 그것을 도덕적으로 따지는 일은 큰 의미가 없다. 마치 약육강식의 밀림 속 동물들의 자연상태와 같다고 보는 셈이다. 분명 평화는 우리가 이루고 싶은 이상이지만, 전쟁은 인류 역사 속에서 끊임없이 이어져 온 현실이 아닐까? 정말 인간의 자연스러운 모습이 아닐까?

이제 세 번째 장면을 살펴볼 차례다. 이번 장면은 일체의 전쟁을 거부하는 것도 아니고, 전쟁을 자연상태와 같은 현실로 받아들이는 것도 아니다. 이와 관련하여 마이클 월저(Michael Walzer)의 아래 글을 살펴보자.

> 36) 전쟁으로 인해 사람이 죽게 된다. … 중략 … [전쟁을 거부하는 사람들은] 전사자들이 소모품, 즉 헛된 목적으로 희생된 제물이나 다름이 없다는 시각이다. … 중략 … [그러나] 이 전사자들의 동료 중에서 살아남은 사람의 대부분은 아직도 **자신이 수행한 전쟁으로 인해 세상이 달라졌다**고 확신하고 싶어 한다. 특히 **연합국이 승리하고 나치 정권이 패배했다는 점에서 세상이 보다 좋아졌다**고 생각하고 싶어 한다. … 중략 … **전사자들의 죽음이 헛된 죽음이 아니었다고 말할 수 있는 것이 중요한 의미**가 있어 보인다. … 중략 … 헛된 죽음이 아니었다는 의미는 무엇인가? 이 경우는 죽을 가치가 있는 목표, 즉 목적이 있어야 한다. 전사자들의 목숨과 비교해 보다 큰 결과가 있어야 한다. (마이클 월저 2007, 251-253)

어떤 이들은 이렇게 주장한다. 전쟁은 수많은 사람을 죽고 다치게 한다. 전쟁이 낳는 결과는 죽음과 파괴뿐이다. 따라서 전쟁에서 죽는 이들은 전쟁의 헛된 목적을 위해 소모품으로 희생당하는 것이다. 만약 어떤 전쟁이 단지 특정한 권력 집단의 사사로운 이익을 위해 벌어진 것이라면, 그래서 전장에서 죽는 보통의 사람들은 장기판의 말처럼 이용되는 것에 불과하다면, 위의 주장은 틀린 말이 아닐 것이다. 또 설령 그럴듯한 명분과 목적이 있는 전쟁이라 할지라도 바라던 명분과 목적을 상회하는 엄청난 살상과 피해가 따른다면, 도대체 무엇을 위한 전쟁이었던가 근본적인 회의에 빠질 수도 있다. 그리고 그러한 전쟁에서 죽은 전사자들은 스스로 내가 무엇을 위해 죽었는지 그 의미를 찾기 힘들게 된다.

그러나 어떤 전쟁은 그 전쟁으로 인해 세상이 달라져 더 좋아졌다고 말할 수 있는 전쟁이 있다. 2차 세계대전 당시 히틀러의 나치 정권과 싸워 이긴 전쟁이 그런 전쟁의 한 예이다. 또 위 인용문에서는 언급하고 있지 않지만, 어떤 전쟁은 사람으로서 피할 수 없는 전쟁, 해야만 하는 전쟁이 있다. 임진왜란 당시 우리 선조들의 전쟁이 그러한 예에 해당한다. 어느 날 갑자기 아무런 이유 없이 침략해 국토와 백성을 유린하는 왜군에 대해 조선은 어떻게 해야 했을까? 왜군과 맞서 전쟁터에서 죽음을 맞이한 이들은 헛된 소모품으로 죽은 것일까? 우리는 나치 정권과 싸우고, 왜군과 싸우다 죽은 이들의 죽음을 헛된 죽음이라고 함부로 말하기 어려울 것이다.

이 세 번째 장면은 첫 번째 장면과 같은 평화에 대한 모습도 아니고, 그렇다고 힘과 이익에 지배받는 현실로서의 전쟁을 말하는 두 번째 장면과도 다르다. 전쟁을 배제하지 않지만, 모든 전쟁을 수용하지도 않는다. 분명 전쟁은 끔찍하고 참혹한 것이지만, 어떤 전쟁은 더 나은 결과를 위해 요청되기도 하고, 어떤 전쟁은 피치 못할 상황 속에서 감수해야 할 수도 있다는 점을 말해 주는 것이다.

이상의 3가지 장면은 전쟁에 대한 3가지 견해와 밀접한 관련이 있다. 첫 번째 장면은 평화주의, 두 번째 장면은 현실주의, 세 번째 장면은 정의전쟁론과 연결된다. 서두에 제기한 전쟁에 대한 윤리적 평가의 관점에서 보면, 평화주의는 전쟁을 그 자체로 악이라고 보는 견해이고, 현실주의는 전쟁을 선악 [윤리적 문제]과는 무관하다고 생각하는 입장에 해당하며, 정의전쟁론은 전쟁 중에는 선한 [정당한] 전쟁도 있고 악한 [부당한] 전쟁도 있다고 평가하는 시각이다.

이 세 가지를 달리 요약하면, "전쟁은 결코 정당할 수 없으며 [평화주의], 전쟁에서는 무엇이든 할 수 있으며 [현실주의], 전쟁에서는 우리가 정당하게 싸울 수 있는 대상과 정당하게 싸우는 방법에 대한 도덕적인 통제가 필요하다 [정의전쟁론]"라는 말로 정리할 수 있다(Nicholas Rengger 2002, 354).

서구 지적 전통에서 평화주의는, 후술할 정의전쟁론의 역사 개관에서도 언급하겠지만, 기독교 평화 사상과 깊은 관련이 있다. 참된 평화는 신적 평화로서 단순한 전쟁의 부재 상태가 아니다. 첫 번째 장면에서 인용되었던 모습처럼 세계만물이 신적 질서 안에서 행복한 상태를 가리킨다.120)

그러나 인류 역사에서 전쟁이 없었던 적이 얼마나 있었던가? 그리고 과연 장차 전쟁이 종말을 고하는 시대, 모든 사람이 더불어

---

120) 기독교적 평화 개념은 폭력의 부재 상태만을 의미하지 않는다. 신적 섭리가 지배하는 우주적 질서 안에서 궁극의 상태, 화해, 모든 피조물이 신 안에서 하나가 됨 등을 내포하는 의미이다(빌헬름 얀센 2016b, 14).

잘 사는 평화의 시대가 도래하게 될까? 인류 역사는 전쟁의 역사라는 말을 되뇌어보면, 인류에게 평화는 이상이지만 전쟁은 현실이라고 보아야 하지 않을까?

분명히 인류 역사의 현실을 보면, 인간은 전쟁에서 벗어났던 적이 없다. 인류는 다른 동물들과 마찬가지로 생존본능을 따라 타인들과 경쟁하고 싸울 수밖에 없는 본성을 가지고 있는 듯하다.[121] 홉스의 말대로 그런 모습이 인간의 자연상태인 것만 같다. 더구나 전쟁은 매우 특별한 영역인 것도 사실이다. 보통의 삶과는 너무나 다른 예외상태이다. 따라서 전쟁통에서는 인간의 일반적인 기준이나 규범이 잘 통하지 않는다. 죽고 사는 아비규환의 전쟁은 윤리와는 무관한 딴 세상이라는 말이 틀린 말 같지도 않다.[122]

그러나 여기서 또 다른 의문이 든다. 인간은 동물과 같은 존재인가? 1부에서 인간과 동물이 다르다는 점을 역설한 맹자만이 인간과 동물이 다르다고 생각한 것은 아니다. 동서고금을 막론하고 인간은 세상의 다른 존재들과는 다른 특성을 가졌다고 생각했다. 분명 인간에게도 동물과 같이 자연에 속한 부분이 있다. 하지만, 인간은 자연적 본능이나 필연법칙에 매몰되지 않는 자유와 그 자

---

121) 전쟁의 원인을 인간 본성 안에 내재하는 폭력성으로 해석하는 견해에 대해서는 아자 가트(2017)를 읽기 바란다.

122) 현실주의는 현대 국제정치 이론 중 주류로 군림하고 있다. 현실주의는 국제체제의 기본상태를 전쟁상태로 보는데, 이는 국가 공동체가 자신의 생존과 안정을 위해 권력 [힘]에 의존하고 그를 추구할 수밖에 없다고 생각하기 때문이다. 현실주의 전통을 연 대표적 인물로는 고대 투키디데스부터 근대의 마키아벨리, 홉스 등이 꼽힌다(존 베일리스 외 2021, 142-148).

유로 문명 [혹은 문화]을 창조해내는 부분도 있다.[123] 인간의 자유로 만들어내는 윤리법칙, 사회규칙, 문화규범, 거대한 빌딩과 비행기, 우주선 등의 인공물 등과 같은 문명 세계의 산물들은 일반 물리 세계의 자연법칙의 산물과는 같지 않다.[124]

그리고 전쟁은 정글 속 짐승들이 벌이는 약육강식의 다툼과 같은 자연 현상인가? 그렇다면 전쟁은 자연의 필연법칙 아래 놓여 있다고 보아도 무방하다. 그러나 전쟁은 사회현상이지 않은가? 전쟁은 자연법칙만으로 설명 불가능한 인간의 다양한 가치와 규범, 인간학적 요소들이 개입되어 발생하는 현상이 아닌가? 마이클 월저가 말한 "전쟁은 산불보다는 방화에 가깝다"라는 말이 이 말이다(마이클 월저 2007, 112). 또 우리가 시리즈 1권에서 보았듯이, 클라우제비츠가 전쟁을 수학적인 필연법칙만으로 설명할 수 없는, 현실의 다양한 사회적·인간적 요소들이 개입하여 필연과 자유와 우연이 어우러지는 도박이라고 말한 것도 이러한 맥락이다(조은영 2024, 120-135).

결국, 전쟁은 복잡하고 유별난 상황이긴 하지만 인간에 의해 발생하고 인간이 만들어내는 현상이다. 전쟁이 예외적 상황이라 하

---

123) 자유와 필연, 우연에 대해서는 시리즈 1권 II부 「3-3. 우연, 필연과 자유 사이에서」 부분을 참조할 것.

124) 미셸 세르(Michel Serres)에 따르면, 물리적 우주와 자연이 형성되는 데는 수십억 년이 걸렸지만, 인간의 문화와 역사가 구성되고 이어지는 데는 고작 몇천 년이 필요했다. 자연 진화의 거대한 체험 시간과 인간 문화의 체험 시간은 크게 대비된다. 인간은 일반적인 자연의 시간을 뛰어넘은 존재이고, 자율성을 갖고 자기를 창조해가는 자가진화의 길을 가는 존재이다(파스칼 피크 외 2012, 75-93).

더라도 그것은 여타의 다른 일반적 상황과 대비한 상대적인 의미이고, 기존의 인간적인 가치와 규범 모두를 배제하는 인간 밖 영역의 일이라고 볼 수는 없는 것이다.

정의전쟁론은 평화주의와 현실주의의 한계 사이에 위치한다. 전쟁을 악이라고 일체의 전쟁을 반대하는 것도 아니고, 전쟁을 인간의 자연스러운 현실로서 선악과 무관한 별도의 영역에 있는 것으로 바라보는 것도 아니다. 정의전쟁론은 어떤 전쟁은 정당한(just) 전쟁이라고 주장한다. 반대로 말하면, 전쟁 중에는 부당한(unjust) 전쟁도 있다는 생각이다. 즉 전쟁에 대해 도덕적 평가를 할 수 있다는 견해이다.

만약 평화주의나 현실주의를 따른다면, 우리는 현실에서 마주치는 그 어떤 전쟁에 대해서도 추가적인 도덕적 판단이나 평가를 할 이유가 없다. 평화주의는 모든 전쟁을 그 자체로 이미 악으로 판단했기 때문에 다른 도덕적 판단이 추가로 필요하지 않다. 현실주의는 도덕과 무관한 영역에 전정이 존재한다고 보기 때문에 애초에 전쟁은 도덕적 판단 대상이 되지 않는다.

인류 역사의 장 안에서 모든 전쟁을 배제할 수드 없지만, 모든 전쟁을 용인할 수도 없다. 전쟁을 도덕적으로 판단하고 평가한다는 의미는 우리가 어떤 전쟁은 배제하고 어떤 전쟁은 용인할 수 있는가 따진다는 것이다. 전쟁은 아무 때나 아무렇지 않게 사용할 수 있는 심심풀이 땅콩 같은 게 아니다. 자기 기호에 따라 취사 선택할 수 있는 가벼운 옵션도 결코 아니다.

전쟁은 길들여지지 않는 대우 위험한 괴물과 같다. 클라우제비츠가 무제한의 폭력성을 본질로 하는 전쟁을 두려워하며 정치를 통한 통제를 구축하려고 했던 것을 기억해 보라. 전쟁에 대한 통제라는 측면에서 볼 때, 전쟁을 우리의 도덕적 판단과 평가 아래 둘 수 있다면, 우리는 전쟁이라는 무시무시한 놈에 대한 또 다른 고삐를 마련할 수 있는 것이 아닐까?125)

나. 정의전쟁론의 3가지 측면과 원칙들

그렇다면, 정의전쟁론에서는 전쟁에 대해 어떤 도덕적 판단을 할까? 이에 대해 마이클 월저의 다음 글을 보자.

> 37) '전쟁의 도덕적 실상(Moral reality of war)'은 두 부분으로 나뉜다. **전쟁은 항상 두 번 심판받는다**. 즉 국가가 **전투를 수행하는 이유 측면에서**, 그리고 **전투에서 사용되는 수단 측면에서** 심판받게 된다. 첫 번째 심판은 형용사 형태로 표

125) 전쟁과 윤리에 대한 고민의 성과가 단순히 전쟁을 통제하고 제한하는 문제를 해결하는 데로 국한되는 것은 아니다. 고잘(Robert Goczal)에 따르면, 서구 역사에서 정의전쟁론의 발전은 공동의 평화를 위한 국가 조직의 윤리적·법적 수준을 높이고, 국가 간 상호 우호 관계를 확대하고, 구조적·공식적 질서의 기능을 증가시키는 데 일조하였다(Robert Goczal 2022, 200). 즉 정치와 전쟁의 관계에서 윤리적인 문제 제기는 법적·정치적·사회구조적 측면에의 영향을 파생시킬 수 있는 것이다.

또한 정의전쟁론은 전쟁의 통제뿐 아니라 정치의 책임이라는 측면에서도 조명받을 수 있다. 공동선을 보호하고 공동체의 평화와 안보를 지키는 것은 정치의 중요한 책임이며, 이를 위한 수단으로 전쟁이 필요할 수 있다. 정의전쟁론의 통제의 측면은 전쟁을 실행하지 않으려는 노력에 기울어 있다면, 이와 달리 책임의 측면은 어떤 경우에는 전쟁을 실행하는 것을 포기해서는 안 된다는 점에 치우쳐 있음을 보여준다(National Press Club Washington Club. D.C. 2001).

현된다. 예를 들면, 우리는 특정 전쟁이 '정당한(just)' 전쟁 또는 '부당한(unjust)' 전쟁이라고 말하게 된다. 두 번째 종류의 심판은 부사 형태로 표현된다. 예를 들면, 우리는 전쟁이 '정당하게(justly)' 또는 '부당하게(unjustly)' 수행되고 있다고 말하게 된다. 중세의 작가들은 이 차이를 전치사의 문제로 생각했다. 즉 이들은 **'전쟁에서의 정당성(justice in war)'과 '전쟁의 정당성(justice of war)'으로 구분**해 생각했다. 이 문법 차원의 구분은 보다 심오한 문제를 암시하고 있다. '전쟁의 정당성'이란 문제로 인해 우리는 침략과 자위 행위에 관해 심판하게 된다. '전쟁에서의 정당성'이란 문제로 인해 우리는 교전규칙의 준수 여부를 심판하게 된다. (마이클 월저 2007, 95)126)

정의전쟁론의 전통에서 전쟁에 대한 도덕적 판단 [월저는 위 인용문에서 심판이라고 했다.]은 크게 2가지 측면에서 이루어져 왔다. 하나는 지금 행하려는 전쟁이 '정당한(just)' 혹은 '부당한(unjust)' 전쟁인지, 즉 해당 전쟁 자체의 정당성 여부를 따지는 '전쟁의 정당

126) 본 책에서 참고한 번역서 마이클 월저(2007)에서는 "첫 번째 심판은 형용사 형태로 표현된다(원문: The first kind of judgment is adjectival in character)"는 번역문 뒤의 부분을 "특정 전쟁이 정당하다(just) 또는 부당하다(unjust)고 말하게 된다."라고 번역하고 있다. 이 브분은 원문의 "we say that a particular war is just or unjust."를 옮긴 것인데, 영어적 표현으로는 형용사 형태로 쓰인 것이 우리말로는 서술어 형태로 바뀌어 번역된 것이다. 이에 형용사 형태의 우리말로 옮기는 게 원저자의 의도를 더 잘 전달해 줄 것이라 보아 일부 수정하여 인용문을 서술하였다. 또 "전쟁의 정당성"의 괄호 안 영문도 "(just of war)"로 옮겨져 있는데, 원문에서는 justice로 되어있어 수정하여 "justice of war"로 기재하였다.
(해당 인용문의 원문은 Michael Walzer(2015)를 참조하였다.)

성(justice of war)' 측면이다. 다른 하나는 전쟁을 수행하는 과정에서 이루어지는 제반 행위와 동원되는 수단과 방법이 '정당하게(justly)' 혹은 '부당하게(unjustly)' 사용되는지, 즉 전쟁 수행 과정에서 이루어지는 일들의 정당성을 문제 삼는 '전쟁에서의 정당성(justice in war)' 측면이다. 한편, 위 인용문에는 언급되고 있지 않지만, 최근에는 또 하나의 측면이 새롭게 주목받고 있다. 전쟁이 종결된 이후 전후 복구 과정에서의 정당성 문제가 그것이다. 이는 '전쟁 이후의 정당성(justice after war)' 측면이다.

위 3가지 측면은 그리스어로 각각 jus ad bellum, jus in bello, jus post bellum으로 널리 알려져 있으며, 이 3가지 측면을 다루는 윤리적 논의를 각각 '전쟁도덕(morality of war)', '전시도덕(morality in war)', '전후도덕(justice after war)'이란 이름으로 부르기도 한다.[127]

위 3가지는 전쟁 발발의 전-중-후로 나뉘는 도덕적 판단으로 이해할 수도 있다. 전쟁의 정당성(jus ad bellum: justice of war)은 수행하려는 전쟁이 수행해도 되는 정당한 전쟁인지 부당한 전쟁인 심판한다. 해당 전쟁'의(of)' 정당성을 따지는 것이다. 전쟁에서의

---

127) 우리나라 군 교육기관에서 최초로 군대윤리 교육을 도입한 육군사관학교 철학과에서 해당 번역어를 사용했다. 초기에는 '전쟁의 도덕'과 '전쟁에 있어서의 도덕'으로 번역했지만(조승옥 외 1996, 51), 이후 '전쟁의 도덕'과 '전시의 도덕'을 거쳐(조승옥 외 1998, 41; 46), '전쟁도덕'과 '전시도덕'으로 굳어졌다(조승옥 외 2013, 34). ['전후도덕'은 더 후대에 추가되었다(조은영 외 2017, 88).]

하지만 '전쟁도덕'과 '전시도덕'이란 번역어의 경우 직관적으로 그 의미가 명확하지 않아 두 개념 사이의 구별을 어렵게 한다. 따라서 이 책에서는 월저가 쓴 방식을 따라 '전쟁의 정당성', '전쟁에서의 정당성'을 쓰고, 거기에 추가해 '전쟁 이후의 정당성'이란 용어를 주로 쓴다는 점을 밝힌다.

정당성(jus in bello: justice in war)은 이미 벌어진 전쟁 속에서 일어나는 각종 교전 행위와 그 안에서 사용되는 수단과 방법 등에 대해서 도덕적 판단을 행한다. 즉 전쟁'에서(in)' 행하는 일들이 정당하게 혹은 부당하게 수행되는지 심판한다. 전쟁 이후의 정당성(jus post bellum; justice after war)은 전쟁이 종결된 '이후에(after)' 행할 일들에 대해서 전쟁 전의 정당성(morality of war)과 합목적적으로 일치하는지, 정당한 전후 처리와 복구가 이루어지는지 판단한다.

그렇다면, 이 3가지 도덕적 심판은 어떤 내용으로 이루어질까? 오랜 정의전쟁론의 역사를 거치며 많은 내적 굴곡과 사연이 있었지만, 현대에는 전쟁의 정당성, 전쟁에서의 정당성, 전쟁 이후의 정당성에 관한 도덕적 원칙들이 어느 정도 정리되어 통용되고 있다.128)

토너(Chritopher Toner | 2010)는 4명의 주요 정의전쟁론 학자들이 주장한 전쟁의 정당성과 전쟁에서의 정당성의 원칙들을 정리하여 소개하였는데, 이를 보면 비록 학자 간 일부 용어상의 차이나 한두 가지 원칙이 포함되거나 누락되는 차이는 있지만 대개 공통적인 원칙들을 제시하고 있음을 알 수 있다. 이를 토대로 정당한 전쟁의 원칙들을 정리하면 아래와 같다.129)

---

128) 오늘날 각국 사관학교의 군대윤리 관련 교재에는 전쟁윤리 부분에서 이 3가지 측면의 도덕 원칙들을 간명하게 정리하여 소개하고 있다. 일부 포함되거나 빠지는 원칙이 한두 가지 있지만, 대개 유사하다. 혹 이를 간략한 체크-리스트(check list)처럼 생각할 수 있지만, 정의전쟁론 전통에서 보면 각각의 원칙들이 거친 많은 논쟁과 역사적 변천 과정을 생각하면 그렇게 속단하는 것은 금물이다. 본 책에서 정의전쟁론의 역사적 전개를 소개하는 다음 2장 2절에서 몇몇 원칙들은 논의의 일부로서 다루어지겠지만 충분하지는 않을 것이다. 독자들의 개인적인 공부와 연구를 권한다.

□ **전쟁의 정당성(jus ad bellum)의 원칙들**[130]

① 정당한 이유(Just cause)[131]: 전쟁을 일으키려면 정당한 이유가 있어야 한다. 특히 현대에 들어서는 침략에 대한 자기방어가 대표적인 이유로 꼽히며, 사회적 제반 가치 [인권, 주권, 인명, 재산 등]의 보호, 침해된 주권 회복 등도 중요가 이유가 된다.

② 올바른 의도(Right intention)[132]: 전쟁을 결심하는 측은 올바른 의도를 가지고 결정해야 한다. 올바른 의도는 전쟁하는 이유(Just cause)를 위한 것이어야 한다. 즉 전쟁의 의도와 이유가 일치해야 한다. 대의명분만 그럴듯해서는 전쟁의 정당성을 충족할 수

---

129) 이하 정의전쟁론의 3가지 차원의 원칙들의 세부 설명은 전쟁의 정당성과 전쟁에서의 정당성은 조은영 외(2017), 조승옥 외(2008), 김상수 외(2023), 프레데리크 그로(2024), Stephen Coleman(2013)을 참조하였고, 전쟁 이후의 정당성은 김상수 외(2023), Spindler Zsolt(2019)를 참조하였다.

130) 토너가 몇몇 주요 학자들의 전쟁의 정당성 원칙을 정리한 내용은 아래와 같다(Chritopher Toner 2010, 82-83).

<table>
<tr><th>이론가</th><th>존슨
(Jamse Turner Johnson)</th><th>하아틀
(Anthony Hartle)</th><th>후르카
(Thomas Hurka)</th><th>오렌드
(Brian Orend)</th></tr>
<tr><td rowspan="7">원칙</td><td colspan="4">정당한 이유(Just Cause)</td></tr>
<tr><td colspan="4">올바른 의도(Rigth Intention)</td></tr>
<tr><td>올바른 권위
(Rihgt Authority)</td><td colspan="2">합법적 권위
(Legitimate Authority)</td><td>적절한 권위 및 공개선언
(Proper Authority and Public Declaration)</td></tr>
<tr><td colspan="3">성공에 대한 합리적인 기대
(Reasonable Hope of Success)</td><td>승리 가능성
(Probability of Success)</td></tr>
<tr><td>결과적 비례성
(Proportionality of Ends)</td><td colspan="3">비례성(Proportionality)</td></tr>
<tr><td>최후의 수단
(Last Resort)</td><td>평화적 수단의 합리적 소진
(Reasonable Exhasution of Peaceful Remedies)</td><td colspan="2">최후의 수단
(Last Resort)</td></tr>
<tr><td>평화 실현 목적
(Aim of Peace)</td><td>-</td><td>-</td><td>-</td></tr>
</table>

131) '정당한 명분'으로도 많이 번역한다.

132) '정당한 의도'로도 많이 번역한다.

없다. 겉으로는 대단한 이유와 명분을 내세우지만 속내로는 다른 의도를 가질 경우, 우리는 처음에 표방했던 이유는 거짓이고 실제로는 진짜 이유가 다른 데 있었다고 보게 된다. 이유의 정당성은 의도의 올바름으로 완전해진다고 볼 수 있다.

③ 정당한 권위(Right authority)[133]: 전쟁은 적절한 권한을 가진 권위에 의해 승인되어야 한다. 근대국가 체제가 정립된 이후 이 원칙은 국제사회에서 주권국가로 인정받는 국가와 그 국가의 합법적 조직인 정규군에 의해 수행되어야 함을 뜻하게 되었다. 그런데 좀 더 근원적으로 들어가면, 서구 정의전쟁론 전통에서 이 원칙은 폭력 사용에 있어 사적인 폭력과 공적인 전쟁을 구분하는 원칙이었다. 전쟁은 오로지 정당한 주권 혹은 자격을 가진 주체에 의해서만 공적으로 일으킬 수 있다는 것이다.

④ 성공에 대한 합리적인 기대(Reasonable Hope of Success): 전쟁에서 성공할 합리적인 가능성이 확인되어야 한다. 전쟁을 통해 직면한 갈등 상황을 개선할 상당한 가능성이 없다면, 그 전쟁을 수행하는 것은 정당화될 수 없다. 폭력적 행동이 대체로 무의미할 경우 그 행동은 정당화될 수 없다는 뜻이다.

⑤ 결과적 비례성(Proportionality of ends): 단순히 재정적 비용뿐만 아니라 수반되는 해악까지 포함한 전쟁의 비용은 전쟁을 통해 얻을 이익과 비교하여 결과적으로 비례해야 한다. 전쟁의 비용

133) '적법한 권위(legitimate authority)', 또는 '적절한 권위(proper authority)'로도 많이 쓰인다.

이 명백히 이익을 초과할 경우 그 전쟁은 정당화될 수 없다. 이는 앞의 '성공에 대한 합리적 기대' 원칙과 밀접한 관련이 있다.

⑥ 최후의 수단(Last resort): 전쟁은 정당한 이유를 달성하는 방법이 전쟁 이외에는 다른 대안이 없을 때, 즉 최후의 수단으로 선택되어야 한다. 전쟁보다 덜 파괴적이고 덜 고통스러운 외교적 방법이나 경제적 수단이 존재하지 않는 한에만, 전쟁을 선택하는 것이 정당화될 수 있다.

⑦ 평화 실현 목적(Aim of peace): 전쟁은 궁극적으로 국제적 안보와 평화를 위한 것이어야 한다. 이 원칙은 전쟁을 일으키는 정당한 이유에 대한 제한 요소로 작용할 수 있다. 정당한 이유가 있는 전쟁이라 할지라도 그것이 국제사회의 평화를 깨뜨리는 전쟁이라면 재고되어야 한다.

□ 전쟁에서의 정당성(jus in bello)의 원칙들[134]

① 비례의 원칙(Proportionality): 전쟁에서의 행위는 그 행위를 통해 달성하려는 목표가 지닌 중요성에 비례하는 적절한 수준에서 행해져야 한다.

② 차별의 원칙(Discrimination)[135]: 시민(civilian) 영역과 군사(military) 영역은 구별해야 한다. 즉 군인은 군사적 목표만을 의도적으로 공격할 수 있다. 전투능력이 부재한 민간인 [비전투원]의 생

---

134) 토너가 몇몇 주요 학자들의 전쟁에서의 정당성 원칙을 정리한 내용은 아래와 같다(Chritopher Toner 2010, 83).

명과 재산은 군사작전의 목표가 되어서도 안 되며, 수단으로도 사용할 수 없다.

③ 필요성의 원칙(Necessity): 전장에서의 군사적 행동의 허용 범위는 군사적 목적에 부합하고 반드시 필요한 행위라는 요건을 충족해야 한다.

□ 전쟁 이후의 정당성(jus post bellum)의 원칙들

스핀들러 졸트(Spindler Zsolt | 2019)는 여러 학자들의 전쟁 이후 정당성에 대한 원칙들을 소개한 뒤, 디이터 플랙(Dieter Fleck)의 견해를 지지하면서 그것을 보강한 아래와 같은 원칙들을 제안한다.[136]

<table>
<tr><th>이론가</th><th>존슨
(Jamse Turner Johnson)</th><th>하아틀
(Anthony Hartle)</th><th>후르카
(Thomas Hurka)</th><th>오렌드
(Brian Orend)</th></tr>
<tr><td rowspan="6">원칙</td><td>수단의 비례성
(Proportionality of Means)</td><td colspan="3">비례성
(Proportionality)</td></tr>
<tr><td>비전투원 면제
(Noncombatant Immunity)</td><td colspan="3">차별성
(Discrimination)</td></tr>
<tr><td>-</td><td>-</td><td>필요성
(Necessity)</td><td>무기 사용에 관한 국제법 준수
(Obey All International Lasws on Weapons)</td></tr>
<tr><td>-</td><td>-</td><td>-</td><td>포로의 자비로운 격리
(Benevolent Quarantine for POWs)</td></tr>
<tr><td>-</td><td>-</td><td>-</td><td>그 자체로 해로운 범죄 금지
(No means mala in se)</td></tr>
<tr><td>-</td><td>-</td><td>-</td><td>보복 금지
(No Reprisals)</td></tr>
</table>

135) '비전투원 보호(Civilian immunity) 원칙'이라고도 한다. 혹은 '비전투원 면제 원칙'이라고도 번역한다.

136) 그가 소개한 학자들이 제시한 원칙은 아래와 같다.

① jus post bellum은 무력 분쟁이 끝난 후 평화 이전까지 적용된다.

② jus post bellum은 일시적인 성격을 가지며, 전환기적 법률로부터 이를 엄격히 분리하는 것은 비생산적이다.

③ jus post bellum은 전환적 성격을 가지지만, 특별한 정의(justice)가 아니라 정의를 얻기 위한 실질적인 작업 접근 방식이다.

④ jus post bellum은 입법권과 헌법 질서의 기반을 만드는 데 도움을 주어야 한다.

⑤ 헌법 질서를 기반으로 행정부의 새로운 기반을 구축해야 한다. [분쟁 후 법 집행]

⑥ 헌법 질서에 따라 관할권 및 [일반적으로] 공공 행정의 기초를

브라이언 오렌드(Brian Orend:): 정당한 이유에 의한 종결(just cause termination), 올바른 의도(right intention), 공식적인 선포(public declaration), 권위(authority), 비례성(proportionality)

래리 메이(Larry May): 응보(retribution: 침략국이나 전쟁에 부당하게 가담한 사람들에게 응보를 고려하는 조건.), 화해(reconciliation: 전쟁 당사자가 서로에게 폭력 행위를 중단할 뿐 아니라 견고하고 정의로운 평화를 달성할 수 있도록 충분한 신뢰로 되돌아가는 것), 재건(rebuilding: 전후, 전쟁 중 파괴된 기구, 시설 등을 복구하려는 노력), 반환(restitution: 반환은 전쟁 중에 약탈당하거나 빼앗긴 자원과 재산을 원래 소유자에게 되돌려주는 것), 배상(reparations: 전쟁 과정 중에 발생한 부당한 피해를 전쟁 전의 상태로 되돌려 놓는 것), 비례성(proportionality: 평화를 수립하는 전후의 과정들이 국민에게 득보다 실이 되지 않게 만드는 것)

디이터 플렉(Dieter Fleck): 새로운 헌법 질서 수립 지원(assistance in creating a new constitutional order), 분쟁 후 법 집행(post-conflict law enforcement), 영토 행정의 조직(organization of a territorial administration) (Spindeler Zsolt 2019, 267-268)

도입해야 한다. [영토 행정의 조직]

2-2. 정의전쟁론의 기원과 발전137)

앞 절에서 우리는 정의전쟁론이 무엇인지 알아보았다. 여기서는 서구 지적 전통에서 정의전쟁론이 어떻게 시작하고 발전해왔는지, 정의전쟁론의 원형적 사유가 무엇이었는지, 그리고 그것이 현대에 어떻게 이어지고 있는지 간략하게나마 소개하고자 한다.

가. 그리스의 정의전쟁 전통

서구 지적 전통에서 정의전쟁론의 기원을 설명할 때 가장 중요하게 거론되는 인물은 어거스틴(Augustine)과 토마스 아퀴나스(Thomas Aquinas)이다. 일반적으로 서구의 정의전쟁론은 기독교 사상에 큰 영향을 받았다고 보기 때문이다. 그러나 좀 더 정확하게 말하면 전쟁과 윤리에 관련한 사유의 기원은 그리스와 기독교 사

137) 전쟁과 윤리라는 테제로 서양에서는 역사를 거듭하며 꾸준한 사상적 논의가 전개되어 왔다. 정의전쟁론(just war theory)이 그것이다. 전쟁과 윤리의 문제에 대한 성찰은 서구에서만 발견되는 것은 아니다. 앞 장에서 살펴보았던 맹자의 의전론도 그에 해당한다. 그 외에도 수메르의 길가메시(Gilgamesh) 서사시(B.C. 2000년 초)나 인도 고대의 서사시인 마하바라타(Māhabhārata)에서도 찾을 수 있다(Rory Cox 2018, 99). 그러나 이들에게서 서구 지적 전통에서 발견할 수 있는 학술적 발전이 지속되었는지 밝혀진 바 없다. 이에 본 글에서는 정의전쟁론의 역사적 전개 과정을 서구 중심으로 소개함을 밝힌다.

회 이전의 로마 시대에까지 거슬러 올라간다.

그런데 여기서 우리가 한가지 짚고 넘어갈 일이 있다. 앞서 「2-1. 정의전쟁론이란?」에서 살펴본 3가지 장면 중 두 번째 장면인 멜로스 대화는 그리스 시대에 벌어진 펠로폰네소스 전쟁 속 한 장면이었던 것을 기억할 것이다. 투키디데스가 소개하는 멜로스 대화는 힘과 이익을 앞세우는 현실주의 관점이 이미 그리스 시대부터 존재했음을 여실히 보여준다. 이로 보면, 일견 기독교 사회 이전 시대에 과연 정의전쟁에 관한 사유나 규범이 얼마나 발전하고, 또 어떤 효력을 발휘했을지 다소 어두운 전망을 먼저 가질 수 있다. 그러나 다수의 학자는 그 시대 전쟁을 투키디데스의 해석만으로 설명할 수 없다고 생각한다.[138] 기독교 정의전쟁론이 대두하기 전까지의 그리스·로마 시대에도 전쟁의 정의와 전쟁에서의 정당한 행위에 대한 규범과 관습이 존재하며 의미 있는 영향력을 발휘했다는 것이다.

라니(Adriaan Lanni)에 따르면, 그리스 시대의 정당한 전쟁에 관한 관습과 규범이 국내 실정법과 같은 구속력과 강제력을 가졌던 것은 아니다. 여러 도시국가와 권력자들이 그러한 관습과 규범들을 도덕적 차원에서 성실하게 준수하기보다는 국가 이익이나 권력의 편의에 따라 악용하거나 제대로 준수하지 않는 현실주의적 모습도 적지 않다. 그러나 도시국가들 사이의 문화적·종교적 동질감

---

138) 이 책에서 참고한 라니(Adriaan Lanni 2008), 오드리스콜(Cian O'Driscoll 2015), 콕스(Rory Cox 2018) 등이 그 예에 해당한다.

이 내면화되어 있다는 당대의 특수한 상황 속에서 정의전쟁에 관한 관습과 규범이 의미 있는 영향력을 발휘했다는 사실 또한 부인할 수도 없다(Adriaan Lanni 2008, 482).

이제 여기서는 그리스 시대의 정의전쟁의 관습과 규범, 그리고 몇몇 사상가의 논의를 소개해 보고자 한다. 기독교 사회 이전의 로마 시대에 관한 내용은 뒤의 기독교 정의전쟁론을 논하는 부분에서 포함해서 다루도록 하겠다.

먼저, 그리스에서 전쟁을 개시할 수 있는 권한은 폴리스(polis)에만 있고 사적 행위자에게는 없었다. 아테네의 경우 폴리스 내에서 전쟁과 평화의 결정 권한은 에클레시아(Ekklesia: 민회)에 위임되어 있었다. 민회의 결정 과정에는 일련의 종교적 의식을 포함한 절차와 의례가 수반되었다. 그리고 그러한 종교적 절차에서 신들의 지지를 얻어내려면 자신들의 전쟁이 정의의 편에 서 있다는 것을 증명해야 했다. 이러한 관습은 전쟁의 정당성(jus ad bellum) 측면에서 정당한 권위(right authority)와 정당한 이유(just cause) 원칙과 유사하다는 것을 알 수 있다(Cian O'Driscoll 2015, 2-3).[139]

그리스 시대에는 전쟁의 정당성 측면에 비해 전쟁에서의 정당성(jus in bello) 측면에서 훨씬 다양하고 풍부한 관습과 규범들이 존재했다. 특히 전쟁에서의 특정한 행위와 사용하는 방법이나 수

---

139) 정당한 이유와 관련하여 오드리스콜은 플라톤이나 아리스토텔레스의 저작 속에서의 전쟁 논의도 거론한다. 플라톤은 무고한 이들을 상대로 한 전쟁은 거부되어야 한다고 보았으며, 아리스토텔레스는 잘못을 저지르는 자를 처벌하는 전쟁, 부당함에 대한 방어 전쟁, 친족이나 동맹국의 억울함을 도와주는 전쟁 등을 정당하다고 보았다는 것이다(Cian O'Driscoll 2015, 3).

단에 대한 규제가 있었는데, 이는 대개 종교적 규범들과 문화적 규범을 배경으로 한 것이었다.

그리스인들은 여름철 중 선택된 장소에서 하루나 이틀에 걸쳐 전투를 벌이는 것이 교전규칙이었다. 이때 활과 화살에 의한 전투 수행은 경멸의 대상이었고, 속임수를 써서 승리하는 것도 비열하고 불명예스러운 것으로 혐오하였다. 당시에는 방진대형(팔랑스: phalanx)으로 평원에서 서로 마주 보고 공개적인 백병전을 수행하는 것이 전사다운 정정당당한 전투방식으로 받아들여졌기 때문이다(Cian O'Driscoll 2015, 5-6).

전쟁에서의 정당성 측면에서 차별의 원칙(discrimination)과 관련한 규범이 많이 발견되는데, 이는 종교적 영향이 컸다. 먼저 신성한 것과 중립화된 것에 대한 무분별한 공격 행위는 금지되었다. 장소, 사람, 시간까지 특정되었다. 성역으로 지정된 곳은 불가침의 공간이었으며, 성역 위반은 또 다른 전쟁의 이유가 되기도 했다. 그리고 사제, 전령, 포로에게도 일정한 면책권이 부여되었으며, 전사자에 대한 특정 규범도 존재했다. 그리고 종교적 축제 기간과 같은 특정 시기는 휴전 기간으로 지정되었다. 요약하면, 그리스에서는 성소와 종교인, 종교행사 보호, 전령과 외교 사절의 [공격] 면제[140], 적의 시체 처리[141] 등에 관한 특정 규범이 통용되고 있었

140) 전령과 외교 사절과 같은 사자(使者)는 제우스의 보호 아래 있다고 여겼고, 이들에게 해를 가하면 신과 인간의 제재를 받을 수 있었다(Adriaan Lanni 2008, 477).

141) 적의 시체를 정중히 돌려보내는 것도 종교적 기원을 갖고 있는 것이었으며, 매장을 방해하는 것은 신이 요구하는 장례 의식을 방해하는 것이었다

다(Adriaan Lanni 2008, 476-479; Cian O'Driscoll 2015, 4-5).

고대 그리스에서 전쟁의 발발과 수행에서 일련의 관습에 의해 제한이 따랐듯이, 전쟁 종결 방식에서도 그러한 모습이 발견된다. 그리스적 관행에서 전쟁이 종결되면 확실한 승리와 논란 없는 패배를 확정 짓는 트로피(trophy)를 건립하는 것이 중요했다. 이때 트로피는 전쟁 종결을 선포하고, 승전국과 패전국 측에서 각각 전사한 병사들을 수습할 수 있는 기간이 부여됨을 알리는 역할을 하였다. 그리고 트로피는 영구적인 것이 아닌 시간이 지나면 부패할 수 있는 형태로 만들었다. 트로피의 부패는 평화를 위해 원한이 사라져야 한다는 것을 상징했기 때문이다(Cian O'Driscoll 2015, 6-7).

한편, 그리스 시대를 대표하는 플라톤과 아리스토텔레스의 사상적 텍스트에서도 정의전쟁론의 단서를 엿볼 수 있다. 비록 그들이 전쟁에 대해 본격적으로 논의한 사상가는 아니지만, 그들의 저작 속에서 전쟁을 윤리적 차원에서 바라보는 시각이 엿보인다.

플라톤은 그의 저서 『국가(Politeia: πολιτεία)』에서 그리스인끼리 벌이는 동족 간 전쟁인 내전(內戰: Stasis: στάσις)과 그리스인과 비그리스인(이민족) 사이에서 벌어지는 전쟁인 외전(外戰: Polemos: Πόλεμος)을 구별하였다(플라톤 2012, 358-360). 플라톤에 따르면, 외전과 내전은 상대에 대한 적대의 정도와 사용하는 폭력의 정도에서 차이가 있어야 한다. 외전은 적에 대한 무제한적 폭력이 사용되는 전쟁이지만, 내전은 동족 간의 불화에 불과하기에 제한적 폭

(Adriaan Lanni 2008, 478-479).

력이 사용되는 전쟁이다. 따라서 전후에 함께 화해하여 지낼 동족들과의 전쟁에서 노약자나 아녀자를 무분별하게 살육하거나 불필요한 재산 훼손을 자행해서는 안 된다.[142] 이와 같은 플라톤의 내전 개념에는 비례의 원칙, 차별의 원칙, 전후 화해를 고려한 전쟁 통제에 대한 관념 등이 존재함을 알 수 있다.[143]

아리스토텔레스는 국가가 존재하기 위한 필수적인 요소의 하나로 군사력을 꼽는다(아리스토텔레스 2014, 387). 국가 공동체의 목적은 좋음(good)에 있으며(아리스토텔레스 2014, 15), 이를 위해 내·외부의 위협으로부터 공동체를 지키기 위해 필요한 요소 중 하나가 군사력이다. 그러나 "전쟁을 위한 전쟁"은 거부되고 "평화를 얻기 위한 전쟁"만이 긍정된다. 전쟁 자체는 목적이 아니다. 전쟁은 공동체의 좋은 삶, 즉 평화라는 목적의 수단일 뿐이다.[144] 이와 같은 아리스토텔레스의 생각은 전쟁의 정당성 측면의 정당한 이유, 평

---

142) 해당 플라톤의 원문에 대한 논의는 시리즈 1권 II부 1-2-나 참조(조은영 2024, 46-49).

143) 플라톤의 내전과 외전 구별에 따른 전쟁 논의에 전쟁에서의 정당성(jus in bello) 관련 관념이 존재한다는 데에는 Cian O'Driscoll(2015)이나 Rory Cox(2018)도 같은 입장이다.

144) 아리스토텔레스의 해당 주장의 출처는 다음과 같다.

삶 전체도 노동과 여가, 전쟁과 평화로 양분된다. 행위 역시 필요하고 유용한 것과 고상한 것으로 나뉜다. 여기서도 우리는 혼의 부분과 그 부분의 행위에 적용되는 것과 똑같은 선택의 원칙을 적용해야 한다. 말하자면 **평화를 위해 전쟁을**, 여가를 위해 노동을, 고상한 것을 위해 필요한 것이나 유용한 것을 선택해야 한다. … 중략 … **열등한 것보다는 우월한 것을, 수단보다는 목적을 더 중시해야** 한다. … 중략 … 게다가 한 국가가 행복하다고 간주되고 입법자가 칭찬받는 것은, 전쟁에 승리하여 이웃 나라들을 지배하도록 그가 시민들을 훈련시켰기 때문이 아니다. 그런 정책은 큰 손해만 가져다준다(아리스토텔레스 2014, 408).

화 실현 목적 원칙을 떠올리게 한다.

또 아리스토텔레스는 플라톤과 같이 그리스인 간의 전쟁과 비그리스인과의 전쟁을 차별하였다. 그리스인 간의 전쟁은 질병과 같은 것이지만 야만인 [비그리스 이민족]과의 전쟁은 자연스러운 것이고 그들은 정복이 정당한 대상이었다. 적어도 그리스 시대의 정의전쟁 관념에는 현대적인 인도주의에 근거한 보편주의적·평등주의적 도덕 개념이 발달하지 못했다고 할 수 있다(Rcry Cox 2018, 102).[145]

이상에서 보듯이, 그리스의 전쟁 사상과 실천에서 오늘날의 전쟁의 정당성, 전쟁에서의 정당성, 전쟁 이후의 정당성의 주요 원칙에 상응하는 내용을 발견할 수 있다. 비록 그리스 시대의 정의전쟁에 관한 관습과 규범이 오늘날의 것과 일치한다고 말할 수는 없지만, 정의전쟁론을 기독교 전통 안에 한정시키는 시각을 뛰어넘어 더 먼 과거에까지 이을 수 있는 사상적 연결 고리를 찾을 수 있다는 점은 인정할 만하다.[146]

---

145) 플라톤과 아리스토텔레스의 견해 외에도 당대 그리스 전쟁 논의에서 상대의 잘못을 처벌하기 위한 전쟁, 부당한 공격에 대한 방어 전쟁, 우리의 친척이나 은인, 동맹의 억울함을 위한 전쟁 등을 정당하다고 보는 인식이 발견된다(Cian O'Driscoll 2015, 3).

146) 드래퍼(G.I.A.D. Draper)도 일찍이 정의로운 전쟁 전통의 기원을 기독교 정의전쟁론이 발전하기 이전 시기에서 찾는다. 특히 그는 초기 로마 왕정 시대를 조명하며, 로마인들의 전쟁에 대한 사유가 기독교 정의전쟁론 발전에 중요한 역할을 했다고 주장한다(G. I. A. D. Draper 1964, 82).

나. 기독교 정의전쟁론

기독교 전통의 정의전쟁론이 성립하는 데에는 그리스적 전쟁 관행과 더불어 로마의 법적, 종교적 개념이 큰 역할을 하였다. 이른바 서구 역사에서 기독교적 '정의롭고 경건한(just and pious)' 전쟁 개념은 자연법 개념과 더불어 로마로부터 이어져 온 중요한 사상적 유산으로 평가받는다(G. I. A. D. Draper 1964, 82).

로마 왕정시대(B.C. 753년~509년)에서 주목할 것은 사제 집단인 페티알(feitiales)에 의해 전쟁 및 평화 선언을 결정하는 절차인 'jus fetiales'이다. 이 전통으로부터 6세기경 '정의롭고 경건한 전쟁'을 선포할 수 있는 이유가 확립된다. 그 내용은 첫째, 영토 침해, 둘째, 대사에 대한 침해, 셋째, 조약 위반, 넷째, 지금까지 우호적이었던 국가가 로마의 적을 지원한 경우이다. 그리고 이러한 조건에 해당하는 상황에서 상대에게 일종의 유예기간을 33일 동안 부여하고, 그 기한 내에 상대의 응답 결과에 따라 전쟁 혹은 평화를 결정하였다. 그리고 이 과정을 통해 선포된 전쟁은 정의로운 전쟁으로 간주되었다. 이러한 '정의롭고 경건한' 전쟁 관행은 왕정 시대에 시작하여 공화정 시대(B.C. 509년~27년) 초기까지 활발히 실천되었다. 그러나 공화정 시대 후기부터 시작하여 제정 시대(B.C. 27년~A.D. 476년)에 이르러 크게 쇠퇴하게 된다(위의 논문, 82-84).

기독교 국교화 이전 로마의 정의전쟁과 관련한 전통에서 빼놓을 수 없는 인물이 바로 키케로(Cicero | B.C. 106~B.C. 43)이다. 그는 후대의 기독교 정의전쟁론 발전에 있어 어거스틴과 같은 인물들에게 중대한 영향을 끼친 사상가로 평가받는다.

키케로는 오늘날 현실주의에 대한 비판의 원형적 사유를 보여준 인물이다. 그는 인간은 정의가 아닌 실리와 효용에 따라야 한다는 당대의 로마 현실주의를 비판하고 전쟁은 도덕과 무관한 영역에 있는 게 아니라 정의와 불의의 구별이 가능한 도덕적 영역에 있다고 주장한다(Thornton Lockwood 2025, 199-205).

키케로는 로마 왕정시대의 jus fetiales 전통을 근거로 전쟁에서의 의무를 복원하려고 하였다. 즉 로마에 잘못을 저지른 대상에게 배상 요구, 전쟁 가능성에 대한 경고, 30여 일간의 유예기간 후의 공식적인 전쟁선포의 절차가 그것이다. 이를 통해 키케로는 전쟁을 공동체의 법적 절차 안에 두게 하여 무분별한 전쟁 개시를 제한하고, 로마 고유의 전통에 기반하게 함으로써 사회·문화적 영향력을 확보하려 하였다(위의 논문, 210-212).

키케로는 자신의 여러 저작에서 전쟁의 정당성(jus ad bellum)과 관련한 생각을 드러낸다. 그는 폭력은 불의에 대해서 사용되어야 하며, 따라서 전쟁은 평화를 위해, 결과적으로 정의의 회복 [로마적 질서의 회복]을 위한 것이어야 한다고 보았다. 이에 전쟁이 선포되고 수행되기 위한 정당한 이유로 첫째, 상대의 무력에 대해 무력으로 격퇴하여 자신을 방어할 권리, 둘째, 손실된 재화를 복구할 권리, 셋째, 부상을 복수하고 범죄자를 처벌할 징벌적 권리를 제시하였다. 이러한 정당한 이유 세 가지는 자연법 사상에서 파생된 것으로 평가받고 있다. 자연법에서 가정하는 자기보존본능의 연장선에서 자기 방어권을 긍정하고, 이를 정당하다고 이해한 것이다(Rory Cox 2018, 102-103).

기독교 정의전쟁론은 로마 내에서 기독교가 국교로 공인된 후에야 비로소 그 논의가 본격화된다. 기독교 국교화 이전 초대 교회가 처음부터 정의전쟁론을 지지했던 것은 아니다. 예수의 죽음 이후 기독교는 로마 치하에서 지하교회 형태로 힘들게 신앙을 지켜나가야 했다. "네 오른편 뺨을 치거든, 왼편도 돌려대며"(마태복음 5:39), "네 원수를 사랑"하라(마태복음 5:44)는 예수의 가르침은 평화주의에 가까웠고, 초기 기독교의 전쟁에 대한 태도를 결정짓는 주된 근거가 되었다.

하지만 콘스탄티누스 황제의 등극과 함께 밀라노 칙령(A.D. 313년)[147]으로 로마에서 기독교가 합법화되는 시기를 전환점으로 정의전쟁에 대한 기독교적 논의가 활발하게 이루어지게 된다.[148] 물론 기독교 국교화 시기 이전에도 평화주의에서 벗어난 견해가 없던 것은 아니다.[149] 하지만, 기독교 정의전쟁론은 어거스틴(354년~

---

147) 콘스탄티누스 황제가 로마 제국 내 종교의 자유를 허용한 칙령으로 기독교를 포함한 모든 종교에 대한 관용정책을 선포한 것이다. 이를 계기로 로마 제국 내에서의 기독교에 대한 탄압과 박해가 그치게 되었다.

148) 기독교 사상의 본질이 평화주의에 있는지 정의전쟁 지지에 있는지 논란이 있다. 기독교 교파별로 그 입장이 다르기도 하며, 학계에서도 상반된 견해가 존재한다. 그러나 어거스틴이나 아퀴나스의 경우는 기독교 교리 안에서 정의전쟁론을 체계화한 인물이기 때문에 평화주의 입장의 인물이라고 평가할 수는 없을 것이다.

149) 초기 기독교 시기에 기독교인은 로마군에 입대할 수 없었다. 황제 숭배사상과 기독교 신앙이 공존할 수 없었기 때문이다. 이 시기는 평화주의만으로 충분했다. 그러나 2세기 말 시대적 상황이 변화하기 시작하면서 터툴리안(Tertulian)과 오리겐(Origen)과 같은 기독교 사상가들은 기본적으로 평화주의적 입장을 견지하면서도 국가의 전쟁 권한을 부인하지 않았고, 대의를 위해 싸우는 사람이나 황제를 위해 기도할 수 있다고 했다. 평화주의와는 다른 전쟁에 대한 견해가 나타나기 시작한 것이다.

430년)에 이르러 체계적으로 종합되었다고 보는 게 일반적이다. 그의 사상은 전통적인 서구 정의전쟁론의 발전에서 근본적인 토대를 마련한 것으로 평가받는다.

어거스틴은 신의 세계와 달리 인간의 세계는 죄악으로 점철되어 있기에 전쟁을 피할 수 없다고 보았다. 어거스틴이 볼 때, 전쟁은 인간의 죄악으로 인해 벌어지는 통탄하고 비참한 일이다. 전쟁은 벌어지지 않는 것이 바람직하지만, 만일 전쟁을 하게 된다면 그 전쟁은 정의로운 전쟁이어야 하며, 그 전쟁을 수행할 수밖에 없게 하는 것은 상대편의 불의이다.150) 구약성경에서 신이 승인한 전쟁

3세기경에는 로마 내정의 불안과 외부 이민족의 침략까지 겹치면서 로마 내 기독교인들도 징집하는 일이 이루어지게 되었다. 기독교인들이 제국을 위해 군인으로서 복무해야 하는지 신앙적 고민이 대두된 것이다.

4세기경 콘스탄티누스 황제의 밀라노 칙령 이후 기독교인의 로마군 입대와 전쟁 참여에 대한 장벽이 허물어지게 되었다. 물론 이대도 동방정교회와 같이 기독교 내부에서 정당한 전쟁 개념을 거부하고 평화주의에 입각한 반대의 목소리를 내는 견해가 존재했지만, 암브로시우스(Ambrosius)와 같은 인물이 등장해 어거스틴의 정의전쟁론이 탄생하는 데에 중요한 역할을 하는 사상적 징검다리를 놓게 된다.

암브로시우스는 키케로 사상을 기독교 신앙과 결합하여 윤리적으로 허용되는 전쟁에 대해 좀 더 상세한 논의를 제출하였다. 그는 불법적인 자들로부터 자신을 방어하는 싸움과 같이 조국을 방어하기 위한 전쟁도 합법적이라는 키케로의 견해에 동의하였다. 이에 따라 그는 무고한 사람을 보호하는 도덕적 의무가 기독교적 사랑과 상통한다고 보고, 국민을 보호하기 위한 방어적 전쟁을 정당화하였다. 암브로시우스의 가장 큰 공로는 기독교 신앙 내에서 정당화될 수 있는 [전쟁]폭력과 그렇지 않은 폭력을 구분한 것이었다. (이상의 내용은 G.I.A.D. Draper(1964)와 Rory Cox(2018)를 참조하였다.)

150) 관련된 어거스틴의 주장은 아래와 같다.

그 전쟁들로 인해 인류는 더욱 가련하게 타격을 받았고, 잠시나마 평온을 되찾고자 또 전쟁을 벌이고, 전쟁이 없으면 또다시 싸움이 터질까 전전긍긍하고 있다. 이 숱하게 엎치고 덮치는 악의 재앙들이며, 지독하고도 끔찍

이 계속되었던 데서 알 수 있듯이, 전쟁은 죄의 산물이기도 하지만 동시에 죄 문제를 해결하는 도구이기도 하다. 이에 어거스틴은 인간세계의 정의와 평화를 위해 요청되는 정당한 전쟁이 있음을 인정한다.

어거스틴이 말하는 정의로운 전쟁은 궁극적으로 평화를 위한 것이다(아우구스티누스 2018, 2183). 전쟁은 그 자체로 목적이 될 수 없고 평화를 얻기 위한 수단으로서, 선택에 의해서가 아니라 필요에 의해서만 치러져야 한다. 전쟁은 기꺼이 치르는 게 아니라 마지못해 치를 수밖에 없는 상황에서만 가능한 것이다. 이때 어거스틴이 말하는 '필요'란 정의의 회복으로 요약된다. 그리고 그러한 회복은 적에 의해 빼앗기거나 손상된 재화에 대한 구제뿐 아니라 도덕적 질서를 위반한 것에 대한 징벌까지 포함한다. 특히 이 징벌 기능은 후대의 이교도와 이단자들에 대한 성전(聖戰)을 공식화할 수 있는 꼬투리가 된다(Rory Cox 2018, 106).

어거스틴은 『마니교도 파우스투스 논박(Contra Faustum)』에서

한 필요악들을 필설로 형언하는 일이 가당하다면 나도 하고 싶지만, 사실 그대로는 해낼 재간이 없다. … 중략 … 하지만 저 사람들의 말에 의하면, **현자라면 의로운 전쟁을 수행할 것**이라고 한다. 그러나 그 현자가 인간이라면, 아무리 의로운 전쟁이라 하더라도 인간에게 전쟁이라는 필요악이 존재한다는 사실에 대해서 한층 더 애통해 할 것이다. **의로운 전쟁이 아니라면 현자는 그 전쟁을 수행해서는 안 되고**, 따라서 현자는 어떤 전쟁도 수행해서는 안 될 것이다. **현자로 하여금 의로운 전쟁이라는 전쟁을 수행하지 않을 수 없게 하는 것은 상대편의 불의일 것이다**. 전쟁을 일으킬 만한 그런 불의라면 인간 누구나 통탄해야 마땅하다. 비록 거기서 반드시 전쟁이 일어나는 것은 아니더라도 어디까지나 인간들이 저지른 불의라는 점에서 통탄해야 한다(아우구스티누스 2018, 2171-2173).

정당한 전쟁의 기준 3가지를 제시한다. 첫째는 정당한 권위인데, 이 권위는 신의 섭리적 통치 안에서 고유한 지위를 차지하는 권위를 말한다. 둘째는 올바른 의도이다. 전쟁은 폭력에 대한 사랑, 복수심에 찬 잔인함과 파괴성, 권력욕에 따른 것이어서는 안 된다. 따라서 세 번째 기준이 제시된다. 즉 정당한 이유이다. 정의로운 전쟁은 불의를 처벌하고 평화를 유지하기 위해 필연적으로 요청되는 전쟁이어야 한다. 정의로운 전쟁은 공동체의 평화와 안전을 위해 수행되며, 이를 위협하고 파괴하는 이들의 악한 욕망과 불의를 처벌하여 정의와 질서를 회복하는 전쟁이다(Nico Vorster 2015, 58-59).

여기서 주목해야 할 것은 어거스틴이 이전 시대의 적절한 권위, 정당한 이유에 더해 올바른 의도 [기독교적 사랑의 정신에 근거한 의도를 가리킴]를 강조함으로써 전쟁의 정당성을 평가할 수 있는 틀을 확장하였다는 점이다.

> 38) **전쟁에서 악이란 무엇인가?** 어떻게든 곧 죽게 될 사람을 죽여서 다른 사람들이 평화롭게 살 수 있게 하는 것인가? 이것은 단지 겁쟁이처럼 혐오하는 것일 뿐 그 어떤 종교적 감정도 아니다. **전쟁에서의 진정한 악은 폭력을 즐기는 것이요, 잔학한 복수심과 격렬하고 식을 줄 모르는 적대감, 난폭한 저항, 그리고 권력에 대한 탐욕과 같은 것들이다.** (Augustiuns, 74.: J. 랑간 1998, 289.에서 재인용)

어거스틴은 전쟁에서의 진정한 악은 폭력에 대한 애착, 복수심과 같은 적대감, 권력에 대한 탐욕 등 전쟁을 수행하는 이들의 의도와 동기에 있다고 강조한다.

어거스틴이 강조한 올바른 의도는 기독교적 내면성 개념에 근거한 것이다. 전쟁은 적절한 권위를 가진, 즉 공권력에 의해서 수행되어야 하는데, 그러한 권력을 가진 자들은 증오나 지배 욕망(libido dominandi)에 따르지 않고 정의와 공공선에 따라 전쟁을 수행해야 한다.[151] 주권자와 군인이 공권력의 대리자로서 그들의 역할에 부합한 올바른 의도를 가지고 전쟁을 수행한다면, 전장에서 잔인함과 해를 끼치고자 하는 욕망에 사로잡혀 무고한 살상을 자행하는 일을 벌일 수는 없다. 이처럼 어거스틴의 올바른 의도 원칙의 독특성은 전쟁의 정당성에 관한 원칙이지만, 그로부터 전쟁에서의 정당성에 관한 내용에까지 확장한다는 데 있다(Rory Cox 2018, 108).[152]

어거스틴 이후 기독교 정의전쟁론의 대표적 인물은 토마스 아퀴

---

151) 어거스틴이 주목하는 내적 욕망(libido)은 사적 폭력과 공적 폭력을 구분하는 근거가 되기도 한다. 어거스틴은 개인의 사적 폭력은 리비도에 따른 것으로 거부한다. 이는 이전 시대의 기독교 전통을 수용하는 것이었다. 하지만, 전쟁에 참여한 군인의 폭력은 다르다고 본다. 군인은 리비도에 따르는 게 아니라, 시민을 보호하기 위한 정당한 권한과 법에 따라 공적 폭력을 수행할 수 있기 때문이다. 물론 군인에게 전쟁을 명하는 권한과 법이 신의 뜻과 정의에 부합하지 않는다면 문제는 달라진다. 이와 같은 어거스틴의 견해는 개인의 권리를 국가의 권리로 환원하여 생각하는 현대적 정의전쟁론과는 다른 지점의 생각거리를 던진다고 하겠다(Stanley Windass 1962, 460-461).

152) 보스터(Nico Vorster 2015)는 전쟁에서 잘못된 의도에 따른 행동은 필연적으로 대의를 왜곡하기 때문에, 정당한 이유가 올바른 의도에 근거하지 않으면 안 된다고 강조하며, 어거스틴과 아퀴나스의 정의전쟁론을 재평가한다. 현대 정의전쟁론에서 올바른 의도 원칙이 재조명되고 있는 것이다. 이에 관해서는 II부 3장에서 좀 더 상세히 다룰 것이다.

나스이다. 어거스틴(354년~430년)과 아퀴나스(1225년~1274년) 사이에는 약 900여 년의 시간 간격이 있다. 이 간격 동안 정의전쟁론과 관련하여 아무런 논의가 없었으리라고 상상하는 이는 없을 것이다. 이 두 사람 사이의 긴 세월 동안에도 정의전쟁과 관련한 주목할 만한 움직임과 사상가들이 없었던 것은 아니다.153) 하지만

---

153) 대표적인 내용을 일부 소개하면 다음과 같다.

먼저 7세기 후반 아돔나누스(Adomnanus)는 카인 아돔난(Cáin Adomnáin)으로 알려진 '무고한 자들의 법(Law of the Innocents)'을 아일랜드와 영국 일대에 공포하였다. 이는 '고대의 제네바법'으로도 불리는데 전쟁에서 여성과 어린이 등을 보호하는 내용을 담고 있다.

10세기 후반에는 '신의 평화(pax Dei)' 운동과 '신의 휴전(treuga Dei)' 운동이 일어나면서 전투원과 비전투원의 구별, 전쟁 수행할 수 있는 날의 제한, 전쟁을 수행할 수 있는 자격을 가진 자를 정하여 사적인 전쟁을 제한하려고 하였다.

12세기의 그라시아노(Gratianus)는 불일치 경전의 일치 작업물이었던 『교령집(Decretum)』에서 전쟁에 관하여 많은 논의를 하였다. 그는 본질적으로 군 복무가 죄가 아니며, 내적으로 신적 사랑의 동기 아래 폭력적인 행동을 정당화할 수 있다는 어거스틴의 견해를 따른다. 또 선한 사람들이 악인을 제지하고 선한 사람들을 보호하기 위한 평화의 전쟁은 수행할 수 있다고 긍정한다. 그리고 그는 전쟁의 정당한 이유로 3가지를 인정한다. 즉 침략을 격퇴하고, 재화를 회복하고, 이전에 입은 피해를 복구하는 것이다. 한편 jus in bello 측면에서는 정복된 자와 포로에게 자비를 베풀고, 잔인함과 파괴적 악행을 정죄해야 한다는 이전 시대의 생각을 따랐으며, 순례자, 성직자, 수도사, 여성, 비무장 빈민은 폭력으로부터 분리되어야 한다는 비전투원 면책 원칙을 인정하였다.

13세기 들어 교회법 학자 레이몬드(Raymond of Peñafort)는 전쟁의 정의를 평가할 수 있는 5가지 기준, 즉 전쟁에 참여하는 사람, 전쟁의 목적, 전쟁의 이유, 마음의 상태(내적 의도), 적절한 권위를 받아들였다.

13세기 중반 호스티엔시스(Hostiensis)는 정당한 전쟁과 부당한 전쟁의 유형을 구분했다. 정당한 전쟁에는 신자들이 이교도에 대해 수행하는 '로마 전쟁(Roman War)', 신자들이 판사의 권위에 따라 벌이는 '사법 전쟁(Judicial War)', 신자들이 자신과 이웃을 방어하기 위해 행하는 '필요 전쟁(War of Necessity)'이 있었다.

그라시아노 이래 교회법 학자들이 교회에 정의에 대한 판단 권한과 전쟁

이 책의 목적상 아퀴나스에 대한 소개로 바로 넘어가도록 하겠다.

아퀴나스는 궁극적으로 전쟁을 신의 구원 목적에 관계된 도덕적 계획의 일부로 포섭하려는 데에 관심을 둔다. 이에 따라 정의로운 전쟁을 기독교의 신적 사랑인 아가페(agapē: charity)라는 덕목의 틀 안에서 논의하고자 한다. 정당한 전쟁은 아가페라는 최고의 미덕에 합목적한, 보다 완전한 평화와 신의 영원한 행복을 반영하는 상태를 회복하기 위한 것이어야 한다(Nico Vorster 2015, 60-61).

아퀴나스는 그의 역작인『신학대전(Summa Theologica)』에서 전쟁에 관한 4가지 질문을 던진다. 첫째, 어떤 전쟁을 허용할 수 있는가? 둘째, 성직자도 전쟁에 참여할 수 있는가? 셋째, 교전자는 속임수를 써도 되는가? 넷째, 축일에 전쟁을 벌여도 되는가?[154] 이런 질문들은 그리스 시대부터 시작하여 로마 초기와 중세 기독교 유럽에까지 이어져 온 정의전쟁에 관한 서구의 전통에서 볼 때 특별히 새로운 질문은 아니다. 그러나 정의전쟁에 관한 지적 전통에서 아퀴나스가 공헌한 것은 이전 시대의 논의들을 자신의 사상 안에서 종합적으로 체계화한 데에 있다.

을 선포할 수 있는 권한을 부여한 것은 신앙에 대한 위협에 대응하는 성전을 정당화할 수 있는 토대를 마련해 주었다. 11세기 말부터 13세기 말까지 이어진 십자군 전쟁이 정당화된 것은 이와 같은 정의전쟁에 대한 논의의 자연스러운 결과였다. (이상의 내용은 Máire O'Dwyer(2015)와 Rory Cox(2018)를 참조하였다.)

154) Thomas Aquinas, *Summa Theologiae: Latin Text and English Translation, Introduction, Notes, Appendices and Glossaries*, ed. T. Gilby et al, 61 vols. Blackfriars, 1964-81, 35: IIaIIae, q.40, *art*.1, ad. 1, pp.80-1, 및 *art*. 3 and 4, pp.92-3.(Rory Cox 2018, 114 및 115에서 재인용)

먼저, 정당한 전쟁의 기준에 대해 그는 다음과 같이 말한다.

> 39) 어떤 전쟁이든 정당화되기 위해서는 3가지가 필요하다. **첫째, 전쟁을 지휘하는 주권자의 권위**이다. **둘째, 정당한 이유**가 요구된다. 즉 공격을 받는 사람들은 공격을 받아 마땅한 어떤 잘못을 저질렀기 때문이다. **셋째, 전쟁을 수행하는 사람들은 올바른 의도**가 요구된다. 즉 선을 증진하고 악을 피하려는 의도가 있어야 한다. (Thomas Aquinas 1964-81, q.40, *art.* 1, *responsio*, pp.80-3. : Rory Cox 2018, 115에서 재인용)

아퀴나스가 말한 정당한 권위, 정당한 이유, 올바른 의도는 어거스틴의 사상과 다를 바 없다. 아퀴나스 또한 전쟁은 개인이 아닌 신으로부터 인가된 정당한 권위자가 수행할 수 있다고 보았다. 전쟁의 이유는 평화를 위태롭게 하고 해치는 상대의 죄 때문이며, 전쟁은 그러한 상대의 잘못을 바로잡거나 부당한 탈취를 회복하여 평화를 다시 이루려는 데 있다. 이는 내·외부적 불의한 위협으로부터 공동체와 공동선을 지키기 위한 것이라고 할 수 있다. 그리고 이러한 대의는 올바른 의도로 수행되어야 한다. 올바른 의도란 선을 증진하고 악을 피하기 위한, 인간의 탐욕이나 잔인함으로 인한 것이 아닌 신적 사랑에 근거한 것을 말한다(Nico Vorster 2015, 60-62).

아퀴나스가 전쟁과 정의, 신적 사랑을 긴밀하게 연결한 것은 전쟁이 최후의 수단으로 사용되어야 하며, 정의로운 통치자와 정의로운 전투원이 신적 사랑에 기초한 의도에 따른 방식으로 전쟁을 수행해야 함을 의미했다(Rory Cox 2018, 115). 아퀴나스가 구체적인 전쟁에서의 정당성(jus in bello)을 논하지는 않았지만, 전장에서 어떻게 행동해야 하는지에 대한 문제가 전투원이 가져야 하는 올바른 의도 개념 안에서 제한된다는 점은 어거스틴과 맥을 같이 하는 것이다.155)

다. 근·현대 정의전쟁론

서구 사회에서 정의전쟁론은 중세 기독교적 전통에서 근간이 형성되었지만, 근대에 이르러 세속 권력이 종교적 권위의 그늘에서 벗어나게 되자 그 틀에서 일부 균열이 생기며 새로운 변화를 일으키게 된다. 근대에 가장 큰 사상적 변화를 보이는 부분은 전쟁의 권위에 관한 생각이었다. 기독교 전통에서 정당한 권위는 그 이면에 신적 질서와 미덕이라는 종교적·도덕적 기준에 근거하여 인정받을 수 있었다. 그러나 근대 정치 사상가들은 그러한 기독교적 관념에서 점차 벗어나게 되었다.

근대 이후 전쟁에 관한 권위는 '주권(sovereignty)' 개념으로 이양되었다. 근대 사상가들은 주권을 가진 정치 주체가 전쟁을 수행할 수 있다고 생각했으며, 주권국가 간의 전쟁은 어느 한쪽이 잘못해서 벌어지는 게 아니라 양쪽 모두 정당할 수 있다고 주장하기에

155) 본문에서는 다루지 않았지만, 아퀴나스가 전쟁을 정당화하는 논의에서 주목할 것은 모든 도덕적 행위가 선과 악의 두 가지 이상의 효과를 가져올 수 있다고 파악했다는 점이다. 정의의 목적에서 전쟁을 수행할 때 선한 의도와 무관하게 무고한 사람을 살상하는 부정적 결과가 나올 수 있다고 본 것이다. 이는 현대적인 이중효과 개념이 아퀴나스에게서 이미 사유되고 있었다는 사실을 보여준다(Nico Vorster 2015, 62 및 Rory Cox 2015, 115).

이른다(Spindler Zsolt 2019, 246). 즉 국가의 전쟁권은 그 자체로 정당하며 별도의 외부적 기준에 의해 판단 받을 필요가 없다는 인식이 싹트기 시작한 것이다. 특히 국가의 전쟁을 제지할 상위 권력이나 권위가 더이상 존재하지 않는 상황에서 17~18세기 절대왕정체제의 유럽 국가들은 무차별적인 정복 전쟁을 감행할 수 있었다. 프랑스 혁명 이후 국가의 무분별한 전쟁에 대해 반성하고 국가의 자유와 독립의 방위를 위한 전쟁으로 제한하고자 했지만, 근대국가의 전쟁권에 대한 인식이 근본적으로 바뀐 것은 아니었다(후지타 히사카즈 2017, 16-17).

또 하나의 중요한 변화는 정당한 전쟁을 법적 체계 안에서 위치시켜 발전시키고자 하였다는 점이다. 1648년 베스트팔렌 평화조약(The Peace of Westphalia)은 유럽 내에서 중세 로마 교황이나 신성로마제국에 의한 통일체제를 붕괴시키고 본격적인 근대국가체제의 등장을 알리는 신호탄이었다. 이 조약의 체결과 함께 정치와 전쟁에 관한 교황청의 입지는 줄어들고 주권국가 간의 관계를 규율하는 국제법의 역할이 더욱 중요해지게 되었다. 1789년 프랑스 혁명 이후 제정된 프랑스 헌법[1791년]에서는 침략전쟁을 금지하고 방어 전쟁을 규정하였는데, 이는 19세기부터 국가 관습과 관행에 기반한 실정법이 기존의 정의전쟁 전통을 대신하게 되는 이정표가 되었다(Spindler Zsolt, 247-248; 후지타 히사카즈 2017, 16).

칸트(Immanuel Kant: 1724-1804)는 법적으로 자유로운 국가는 전쟁할 권리가 있다고 인정하고, 그들 국가는 법적으로 평등하기 때문에 징벌적 전쟁은 허용되지 않는다고 보았다. 징벌은 오직 상급자와 하급자 사이에 가능한데, 국가 간 관계는 그런 관계가 아니기 때문이다(Spindler Zsolt 2019, 248).

위와 같은 근대 이후의 변화는 이전과는 다른 결과를 초래하였다. 먼저 도덕에서 법적 제도화로의 변화는 전통적인 정의전쟁론 고유의 전쟁 통제의 성격을 변모시켰다. 즉 전쟁의 정의 문제를 도덕적 문제보다는 국제법에 따른 법적 문제로 바라보게 하였다. 특히 국가 전쟁권이 당연히 인정되는 상황에서 전쟁의 정당성을 따지는 것이 더 이상 중요하지 않게 됨에 따라 "어떤 상황에서 전쟁을 수행해야 하는가?"에서 "전쟁에서 허용되는 행위는 무엇인가?"로 그 관심의 추가 옮겨가게 하였다. 전쟁의 정당성보다 전쟁에서의 정당성에 집중하게 된 이런 모습은 현대에까지 이어지고 있는 경향이다(Nicholas Rengger 2002, 355-356).

다음으로 정당한 전쟁의 권위가 국가 자체의 전쟁권으로 당연시된 변화는 어거스틴이 말한 정당한 전쟁은 선택이 아니라 필요에 의한 것이라는 주장에서 필요가 아닌 선택에 의한 것이 되게 뒤집어 버렸다. 주권국가 체제를 그 자체의 권위로 인정함에 따라 전쟁권을 소유한 국가는 언제든지 전쟁을 선택할 수 있는 정책의 하나로 간주할 수 있게 되었다. 클라우제비츠가 말한 "전쟁은 정치의 수단"이라는 인식이 정식화된 것이다.

근대 국가체제의 이론적 토대를 마련해 준 홉스의『리바이어던』에서 이러한 결과는 이미 예견된 것인지도 모른다. 홉스는 자기 보존 본능에 따른 폭력 사용을 자연상태의 사실로 받아들이고, 만인대 만인의 투쟁이라는 자연상태를 만국 대 만국의 투쟁이라는 국제정치의 자연상태로 환원하여 보았다.

홉스가 말하는 리바이어던과 그를 통해 국내적 평화를 달성하는 구상은 30년 전쟁이라는 유럽 전역을 휩쓴 종교 내전에 대한 반성의 산물이라고 볼 수 있다. 그는 기독교적인 전 우주적이고 도덕적인 평화를 기대하지 않고, 리바이어던이라는 힘에 의한 질서와 안전을 지지하였다. '참된 평화'보다 '효과적인 평화'를 구축하고자 한 것이다. 이로써 국내와 국외의 전쟁과 평화가 분리되었다. 국가의 생존과 안전을 위한 전쟁은 자신들의 내적 평화를 위한 당연한 권리가 된다. 즉 국내정치는 리바이어던 성립에 따라 개인 간의 전쟁상태를 종식하고 평화상태에 이르게 되었다. 하지만, 국제정치에서는 그렇지 않다. 왜냐면 개인 간의 투쟁을 종식한 리바이어던과 같은 초월적 권력이 국가 간 투쟁 사이에는 성립하지 않기 때문이다. 국제정치의 기본상태는 전쟁상태이다. 이로써 중세의 단일한 신적 질서체제 안에서 다른 국가와의 평화상태를 기본상태로 간주하고 전쟁을 예외상태로 보았던 것과는 정반대에 이른 것이다(빌헬름 얀센 2016b, 42-63).

인류 역사상 가장 거대했던 전쟁인 1, 2차 세계대전이 벌어졌던 20세기로 접어들면서 다시 한번 정의전쟁론에 대한 논의 흐름이 바뀌게 된다. 이 당시 전쟁은 비약적인 과학기술의 발전과 그에 따른 사회기반시설의 확대, 무기 성능의 대폭적인 향상 등의 시대적 배경 속에서 인류 역사상 유례가 없는 대규모의 살상과 파괴를 자행하는 총력전이었다. 이로 인해 기존의 근대적 전쟁 인식을 비판적으로 재검토하기 시작하는 계기가 되었다.

이 시기에도 정의전쟁론의 법적 제도화는 계속 이어졌다. 다만, 조금 다른 점은 오늘날 '전쟁법'으로 널리 알려진 제네바법과 헤이그 협약 등이 국제사회에 자리 잡게 되었다는 점이다. 이는 전쟁과 전쟁 범죄에 관한 법률을 공식화하고 통일하여 전쟁에서의 행위를 제한하고자 한 노력의 산물로서 전쟁에 관한 국제법적 진전의 중대한 성과였다.156)

그런데 이러한 법적 제도화와 더불어 새로운 움직임이 일어났다. 바로 국가의 지위와 권리에 대해 회의가 일어나게 된 것이다.157) 이에 따라 국가의 전쟁권에 대해 반성하고 이에 대한 통제 필요성에 대한 목소리가 높아지게 되었다. 이에 관해서는 다양한 국제적 조약과 선언으로 그 노력이 표출되었다.

---

156) 전쟁 행위의 규제에 관한 국제적인 노력은 1, 2차 세계대전 이전부터 이어져 왔다. 1864년 전장에서의 부상병 보호에 관한 최초의 협약인 제1차 적십자 협약(제네바 협약)이 채택되었다. 1899년에는 헤이그 평화회의에서 무기 사용의 규제와 금지에 관한 선언을 채택하였다. 1907년 헤이그 국제평화회의에서는 14개의 조약을 체결하였는데, 교전자의 자격, 포로 대우, 부상자 대우, 적을 상해하기 위한 수단과 방법, 항복, 휴전 등에 관한 육상에서의 전쟁 행위와 그에 필요한 수단과 방법에 대해 제한을 가하였다. 1864년 1차 협약 이후 1906년, 1929년을 거쳐 1949년에 이르러 제네바 협약은 육상, 해상에서의 부상자에 대한 협약과 포로, 민간인 보호에 관한 4가지 협약으로 완성하게 된다. 이후 1980년대부터 현재까지 국제형사재판소 설립, 화학무기협약 체결 등이 이어지고 있다(후지타 히사카즈 2017, 30-34; 국방부 2010, 31-32; Spindler Zolt 2019, 250-253).

157) 앞에서 다루지는 않았지만, 국가에 대한 회의는 이미 18세기 계몽주의에서 찾을 수 있는 것이었다. "리바이어던은 폭력 없이 어떻게 성립하고 유지될 수 있는가?"라는 물음으로 집약되는 리바이어던적 절대왕정 국가의 성립과 유지에 대한 근본적인 회의는 당대의 시민 혁명 전쟁의 중요한 이유가 되었다(빌헬름 얀센 2016a, 47-52).
추가적인 자세한 논의는 각주 169)를 참조하기 바란다.

먼저, 1차 세계대전이 끝난 후 1919년 체결된 베르사유 조약(The Treaty of Versailles)에서는 전쟁 책임에 대한 유죄 판결과 배상 근거를 마련했다. 1920년에는 국제연맹이 출범하여 영토 확장이나 정치적 이익을 목적으로 한 침략전쟁을 금지하는 연맹 규약을 제정하였다. 1928년 켈로그 브리앙 조약(Kellogg-Briand Pact)은 서구의 60여 개국이 비준한 부전(不戰)조약으로서 전쟁을 국가정책의 수단으로 사용하는 것을 포기할 것을 담았다. 1945년 창설된 국제연합(UN)은 국제평화와 안전을 위협하는 일체의 무력 사용을 금지하되, 정당방위 전쟁만을 예외적으로 인정할 수 있음을 선언하였다.158)

---

158) 「UN 헌장」 제1장에 실린 관련 내용은 아래와 같다.

제1조 1항

국제평화와 안전을 유지하고, 이를 위하여 평화에 대한 위협의 방지 · 제거 그리고 침략행위 또는 기타 평화의 파괴를 진압하기 위한 유효한 집단적 조치를 취하고 평화의 파괴로 이를 우려가 있는 국제적 분쟁이나 사태의 조정·해결을 평화적 수단에 의하여 또한 정의와 국제법의 원칙에 따라 실현한다.

… 중략 …

제2조 4항

모든 회원국은 그 국제관계에 있어서 다른 국가의 영토보전이나 정치적 독립에 대하여 또는 국제연합의 목적과 양립하지 아니하는 어떠한 기타 방식으로도 무력의 위협이나 무력행사를 삼간다.

… 중략 …

제51조

이 헌장의 어떠한 규정도 국제연합회원국에 대하여 므력공격이 발생한 경우, 안전보장이사회가 국 제평화와 안전을 유지하기 위하여 필요한 조치를 취할 때까지 개별적 또는 집단적 자위의 고유한 권리 를 침해하지 아니한다. 자위권을 행사함에 있어 회원국이 취한 조치는 즉시 안전보장이사회에 보고된다. 또한 이 조치는, 안전보장이사회가 국제평화와 안전의 유지 또는 회복을 위하여 필요하다고 인정하는 조치를 언제든지 취한다는, 이 이와 같은 일련의 움직임이 얼마나 실효성이 있었고 실제 구속력을 가졌는지는 다소 회의적이지만, 적어도 전쟁을 권리 차원에서 보던 근대적 사유를 반성하고 전쟁을 금지하는 방향으로 선회하였다는 점에서 큰 변화가 있었다고 하겠다. 즉 jus ad bellum(전쟁의 정당성)에서 jus contra bellum(반전의 정당성)으로 전환하는 변화가 일어난 것이다(Spindler Zolt 2019, 253).

이상과 같은 역사 속에서 일어난 여러 변화와 굴절 속에서도 정의전쟁론은 최근에까지도 국제정치와 전쟁 문제에 관해서 중요한 역할을 하고 있다. 특히 20세기 후반의 현대 정의전쟁론에서 가장 주목받는 인물은 마이클 월저(Michael Walzer)이다. 1977년에 발표한 그의 저서 *Just and Unjust War*는 정의전쟁 논의를 현대적으로 재정리한, 이른바 전통주의적 입장을 대표하는 것으로 평가받는다. 앞서 2장 1절에서 다룬 정의전쟁의 3가지 측면과 제반 원칙들에 대한 틀(framework)도 그에게 힘입은 바가 적지 않다고 볼 수 있다. 마이클 월저를 위시한 정의전쟁론의 전통주의(traditionalism)로 불리는 현대 정의전쟁론자들의 견해는 다음과 같이 요약된다.[159]

첫째, 정의전쟁은 전쟁의 정당성(jus ad bellum), 전쟁에서의 정당성(jus in bello), 전쟁 이후의 정당성(jus post bellum)이라는 3가지 영역으로 구분되며, 각 영역에서의 도덕적 심판에 필요한 원칙

헌장에 의한 안전보장이사회의 권한과 책임에 어떠한 영향도 미치지 아니한다.
(해당 원문과 번역본은 UN(1945) 및 외교부(2025) 참조)

159) 전통주의에 관한 내용은 Seth Lazar(2017)과 김상수 외(2023) 를 참조하였다.

들이 존재한다.

둘째, 전쟁의 정당성 영역과 전쟁에서의 정당성 영역은 분리된다. 따라서 전쟁의 정당성과 무관하게 전장에서의 모든 전투원은 도덕적으로 동등(combatant equality)하다고 간주한다.

셋째, 전쟁에서 민간인 [비전투원]은 교전 대상이 될 수 없지만, 모든 전투원은 누구를 위해 싸우든 (전쟁의 정당성과 무관하게) 표적이 될 수 있다.

넷째, 전쟁의 정당한 이유에는 침략에 대한 자국 방어, 타국의 방어전쟁 지원, 인류의 도덕적 상식에 반하는 범죄 차단이 있다. 그리고 이러한 전쟁 수행 주체는 국가만이 가능하다.

1, 2차 세계대전 이후 정의전쟁론에서 국가의 도덕적 위상이 재검토되는 경향과 더불어 보다 분석적인 도덕 판단을 통한 전통주의 비판이 잇따르고 있지만[160], 전통주의 입장은 현대 정의전쟁론의 주류 견해로 영향력을 발휘하고 있다. 특히 전통주의는 전쟁의 특수성을 강조한다. 즉 살인은 어떤 상황에서도 거부되어야 한다는 수정주의자들의 주장에 대해 전쟁에서의 살인은 다른 무언가가

160) 현대 정의전쟁론에는 전통주의의 견해를 비판하고 새로운 방향을 제시하는 수정주의(revisionism)가 등장한다. 수정주의자들은 먼저, 국가방위의 허용 가능성과 국가의 전쟁에 있어서의 도덕적 지위에 이의를 제기한다. 그리고 전투원 동등성 원칙도 거부한다. 정당하지 않은 전쟁에 참여한 전투원과 정당한 전쟁에 참여한 전투원이 단지 국가에 수명하는 군인이라는 이유로 전쟁에서의 살상 행위에 있어 도덕적으로 동등할 수 없다고 본다. 전쟁의 정당성(jus ad bellum) 측면에서 부당한 목적을 위해 싸우는 전투원은 무기를 내려놓는 것 외에는 올바른 일을 할 수 없다고 주장한다(김상수 외 2023, 19; Seth Lazar 2017, 38)

있다고 항변한다. 전쟁은 일반적 상황의 윤리를 환원하여 적용할 수 없는 복합성과 불확실성을 띠는 영역이라고 보기 때문이다. 또 전쟁은 개인 윤리 차원의 행위 단위로 평가할 수 없는 제도적·집단적 성격을 띤다고 생각하기 때문이다(Seth Lazar 2017, 38-41).

이상에서 우리는 그리스 시대부터 현대에 이르기까지 서구 지적 전통에서 정의전쟁론이 어떻게 사유되고 발전해 왔는지 간략히 살펴보았다. 이를 토대로 보면, 적어도 기원전 1000년 전부터 전쟁의 정의와 전쟁에서의 교전 행위를 규제하는 관습적 규범이 존재했던 것을 알 수 있었다. 즉 전쟁과 윤리의 문제는 매우 오랜 역사 동안 숙고되어 왔던 것이다.

그리스·로마 시대로부터 비롯하여 중세 기독교 사회로 이어지는 역사적 전개 과정에서 평화와 정의, 공동체의 질서를 지키거나, 그것들의 훼손을 회복하기 위한 수단으로서 폭력이 정당화될 수 있다는 정의로운 전쟁 개념이 발전하게 되고, 그 논의가 현대적인 정의전쟁론 개념과 일련의 원칙들로 이어져 왔다.

요약하면, 정의전쟁론은 당대의 역사적 상황에 따라 전쟁 폭력을 활용하여 정치적·경제적·종교적 목적을 실현하는 데 이론적 기반을 제공하고, 또 전쟁의 개시와 수행에 도덕적·법적 규범을 적용함으로써 폭력의 사용을 규제하거나 제한하는 역할을 이어온 것이다(Rory Cox 2018, 99).

2-3. 정의전쟁론을 통해 본 의전

가. 정의전쟁론의 3가지 도덕적 심판과 의전

앞에서 전쟁에 대한 도덕적 평가에 따라 평화주의, 현실주의, 정의전쟁론이라는 3가지 견해가 있다고 소개한 바 있다. 이 3가지 중에서 맹자의 의전론과 가장 근접한 사상은 정의전쟁론이다.

비록 큰 틀에서 맹자의 의전론과 정의전쟁론이 사유의 궤를 같이한다지만, 맹자가 서구의 정의전쟁론에서 말하는 전쟁의 정의(jus ad bellum), 전쟁에서의 정의(jus in bello), 전쟁 이후의 정의(jus post bellum)라는 측면을 구체화하며 논의를 전개한 것은 아니다. 다만 우리가 앞의 「2-2. 정의전쟁론의 기원과 발전」에서 고대 그리스와 기독교 이전 로마 시대를 살폈던 것과 마찬가지로, 이 3가지 측면을 틀로 삼아 맹자의 의전에 대한 논의들이 어디에 해당하는지 대조해 볼 수는 있다.

먼저 전쟁의 정당성 측면부터 살펴보자. 맹자 의전론은 이 측면에 해당하는 내용이 주를 이룬다.

첫째, 정당한 이유 원칙.

「1-3. 의전의 요건」에서 살펴보았듯이, 제벌연지사의 2가지 질문 중 첫 번째 질문, 즉 "연나라를 伐**할 수 있는가?"라는 질문은 전쟁의 정당한 이유를 묻는다고 볼 수 있다. 의전은 맹자가 보는 정당한 전쟁이라고 할 수 있는데, 인의의 실현을 목적으로 한다. 인의의 실현이란 인정, 곧 왕도정치의 실현인데 이는 유가적 이상정치를 실현하는 것을 말한다. 맹자의 시대상에 비추어서 좀 더 구체적으로 말해 본다면, 패도정치와 같은 폭정으로 정치 질서를 파괴하고 혼란스럽게 하여 백성들을 도탄에 빠뜨린 자들을 바로잡기 위한 것이 의전의 이유가 된다.161)

둘째, 정당한 권위 원칙.

제벌연지사의 두 번째 질문, "누가 연나라를 伐**할 수 있는가?"라는 질문은 전쟁을 결정하고 수행할 수 있는 정당한 권위에 대한 질문이라고 볼 수 있다. 전쟁은 아무나 벌일 수 없다. 맹자에 따르면, 살인자는 죽여 마땅한 죄인이지만 아무나 죽일 수 있는 게 아니라 오직 재판관에 의해 처형되듯이 전쟁을 일으킬 정당한 이유가 충분하다고 하더라도 그 전쟁은 오직 자격 있는 자에 의해서 수행되어야 한다.

맹자가 말하는 정당한 권위는 하늘이 인정한 관리인 '천리(天吏)'로 불리는 도덕적 권위자이다. 천리는 '관리(吏)'라는 개념이 들어가 있는 데서 알 수 있듯이, 단순히 개인으로서 도덕적으로 성숙한 사람을 가리키는 게 아니라 공적으로 합당한 신분을 갖춘 유덕자(有德者)를 말한다. 맹자는 대표적으로 위정자로서 왕도정치를 펴서 온 백성이 부모처럼 여기는 왕자 혹은 인자야말로 천리라고 하였다. 이로 볼 때, 맹자에게 전쟁을 행할 수 있는 정당한 권위는 사적 권위가 아닌 공적 권위이면서 신분적·형식적 자격이 아닌 도덕적·내용적 자격을 갖춘 권위를 가리킨다.

---

161) 『논어』와 『맹자』에서 유가적 전쟁의 정당한 이유에 대한 공자와 맹자의 언설을 정리한 것으로 윤지원(2018)을 참조할 수 있다.

셋째, 올바른 의도 원칙.

이 원칙에 대해서는 직접 드러나게 기술한 곳은 없지만, 일부 논의 속에서 간접적으로 유사한 내용을 유추할 수 있다. 먼저, 맹자는 천리의 이상형으로서 고대 천자들[성왕들이 천자였음]을 언급하곤 했다. 그러나 천자라는 형식적 신분이 도덕적 권위를 내포하는 것은 아니다. 그런 까닭에 천자 신분이었지만 덕을 잃은 걸(桀)왕이나 주(紂)왕 같은 이들을 한낱 보잘것없는 보통 사람에 지나지 않는다고 주장할 수 있었던 것이다.162)

천리는 형식적 신분보다 실질적 내용을 갖춘, 즉 내면적으로 덕을 갖춘 도덕적 권위자이다. 그는 자신의 내적인 도덕적 진실성에 근거하여 왕도정치를 펼친다고 볼 수 있다. 따라서 인의의 실현을 목적으로 하는 의전을 수행하는 데에서도 겉으로 표방하는 이유와 달리 속으로 지닌 별도의 의도가 있다고 보기는 힘들 것이다.

또 다른 예로 제나라가 연나라를 공격하고 난 뒤의 일에 대해 제선왕과 주고 받은 대화에서 관련 내용을 추론할 수 있다.

> 40) 제나라 사람이 연나라를 伐**하여 취하자 주변 제후들이 장차 연나라를 구하려고 하였다. 제선왕이 물었다. "제후들이 과인을 伐 하고자 하는 이가 많으니 어떻게 해야 하겠습니까?" 맹자께서 대답하셨다. … 중략 … 지금 연나라가 그 백성을 학대하거늘 왕이 가서 征하시니163), **연나라 백성들은 자**

162) 『맹자』 「양혜왕 하(梁惠王 下)」 8.

163) 맹자의 의전에 관한 엄격한 기준을 적용한다면, 제나라가 연나라를 공격한 것을 '征'이나 '伐**'로 볼 수는 없다. 제나라가 의전을 수행할 도덕적 권위

기들을 도탄에서 구원해줄 것으로 여겨 소쿠리에 밥을 담고 병에 물을 담아 나와서는 왕의 군대를 환영했습니다. 그런데 오히려 그들의 부모 형제를 죽이고 자식들을 묶어 구속하며, 종묘를 훼손하고, 귀중한 물건을 빼앗아 간다면 어찌 되겠습니까? … 중략 … 인정을 행하지 않는다면 천하의 군대를 준동하게 하는 것입니다. 왕께서는 속히 명령을 내려 **노약자들을 돌려보내고, 귀중한 물건을 빼앗아 오는 것을 중지하고, 연나라 사람들과 논의하여 군주를 세운 뒤에 떠나오신다면**, 오히려 [다른 제후들과의 전란을] 중지할 수 있을 것입니다."164)

위 인용문을 보면, 연나라 백성들은 연나라 위정자들의 학대에 못 이겨 도리어 제나라의 伐**을 반기는 상황이었다. 이는 자신들을 도탄에서 구원해줄 것이라 믿었기 때문이다. 그런데 제나라는 의전에 합당한 이유를 갖고 출병하였음에도 불구하고, 오히려 연나라 백성들의 부모 형제를 죽이고, 자식들을 잡아가고, 종묘를 훼손하였다.

맹자가 볼 때, 제나라가 연나라를 벌**한 것이라면, 그들이 연나라를 군사적으로 굴복시킨 후 벌인 일들이 설명되지 않는다. 그들

를 가진 나라가 아니기 때문이다. 그럼에도 불구하고 맹자는 왜 '征'이란 용어를 쓰며, 제나라가 연나라를 치는 일이 의전의 조건을 갖춘 것처럼 말한 것일까? 이와 관련하여 주자를 비롯하여 조선의 유학자들 사이에서도 해석이 분분했다. 그러나 대체로 맹자가 전국시대의 비참한 현실적 상황을 고려하여 한발 물러서서 의전의 자격보다는 의전의 목적을 우선하여 제나라가 연나라를 치는 것을 의전으로 인정한 것으로 해석한다. 이와 관련한 자세한 논의는 유영옥(2015)를 참조하기 바란다.

164) 『맹자』「양혜왕 하(梁惠王 下)」 11.

이 자행한 여러 일은 겉으로는 의전을 내세운다고 하더라도, 결국 다른 데에 의도가 있었음을 보여주는 꼴이었기 때문이다. 따라서 맹자는 제선왕에게 속히 노인과 아이들을 돌려보내고 전리품을 반환하고, 연나라 사람들이 추대하는 이를 왕으로 세운 뒤에 철수하라고 권한다.

넷째, 평화 실현 목적 원칙.

맹자가 말한 전쟁의 정당한 이유인 인의의 실현은 평화와 안정을 지향하는 것이라고 볼 수 있다. 맹자에 따르면, 패도정치의 리(利)가 배타성과 폭력성을 초래하는 것과 달리 왕도정치의 인의는 타자와 함께(與), 같이(同), 우리 하나(一)로 결속하는 토대가 된다. 의전은 적이 없는 전쟁으로서 패도정치의 적대와 폭력을 종식 시키고 함께 어울려 잘 사는 인의의 정치[仁政]를 복원하기 위한 전쟁이다. 의전이 목적하는 인의가 곧 평화의 실현에 가깝다고 할 수 있겠다.

다섯째, 나머지 원칙들.

나머지 원칙들에 대해서는 선명히 나타나는 부분이 없다. 그렇지만, 최후의 수단 원칙은 느슨하게나마 관련성을 찾을 수는 있다. 최후의 수단 원칙이 전쟁을 최대한 선택하지 않는 것을 바람직하게 본다는 의미에 착안해 보면, 맹자의 의전 역시 쉽게 기꺼이 전쟁을 선택할 수 있다는 의도 보다는 전쟁의 선택을 어렵고 주저하게 만드는 의도가 크다는 점은 말할 수 있겠다.

다시 제벌연지사 사례로 돌아가보자. "연나라를 伐**할 수 있는가?"라는 질문에 대한 답은 그나마 쉽게 내릴 수 있다. 그러나 "누가 연나라를 伐**할 수 있는가?"라는 물음에 대해 선뜻 "내가 할 수 있소!"라고 말할 수 있는 위정자는 얼마나 있을까? 천리로 인정받는 사람은 외적인 조건뿐 아니라 내적인 조건, 즉 유덕자로서 내면의 영역까지 인정받아야 한다. 어쩌면 맹자의 이 요건을 충족시킬 수 있는 인물은 신화적 존재인 성왕들만이 가능할지도 모른다. 그렇다면 맹자가 당대의 왕들에게 이 요건을 들이대는 이유는 무엇일까? 적어도 맹자 시대의 그 어떤 제후도 전쟁을 벌일 자격을 갖춘 이는 없다는 일갈일 수도 있다. 그만큼 그가 생각하는 의전은 문턱이 매우 높은, 그 선택이 너무 어려운 데 있는 것이라고 여겨진다.

다음으로 전쟁에서의 정당성 원칙을 살펴보도록 하자.

첫째, 차별의 원칙.

맹자에게서 현대적인 차별의 원칙 개념에서 정립된 군사 영역과 민간 영역을 구분하는 관념은 보이지 않는다. 그렇지만, 다른 부분에서 차별의 관념이 드러난다.

맹자는 의전을 말할 때마다 성왕들의 예를 들곤 했는데, 성왕들은 백성들을 안심시키며 "두려워 말라. 너희 백성들을 편안케 하려는 것이요 대적하려는 것이 아니다."라고 했다. [인용문 18) 참조] 반면, 백성들을 괴롭힌 포악한 위정자들은 징벌의 대상으로 명확히 구분하였다. [인용문 28) 참조] 즉 의전은 징벌의 대상으로서 폭력적인 정치를 펴는 위정자와 그들의 정치 폭력으로 고통받는 백성들을 구별한다.

둘째, 나머지 원칙들.

차별의 원칙과 함께 전쟁에서의 정당성에서 뼈대를 이루는 비례의 원칙과 관련한 사유는 맹자에게서 찾을 수 없다 마찬가지로 필요성의 원칙에 대해서도 특별히 언급할 것이 없다. 다만 그가 당대의 무차별한 살상을 자행하던 戰*을 비판하고 의전 개념을 제출한 데서 의전의 목적을 초월하는 불필요한 군사적 행위를 허용했으리라고 보기는 힘들다는 추론은 가능해 보인다.

마지막으로 전쟁 이후의 정당성 원칙을 다룰 차례다.

앞의 인용문 40)에서 보면, 맹자는 제나라가 연나라를 벌하는 정당한 이유를 갖고 전쟁을 감행하여 승리했지만, 이후 마치 침략군 또는 정복군처럼 행동하였다고 지적한다. 평화의 재건이나 화해 등의 성격을 보여주지 못하였다. 스핀들러 졸트가 말한 "정의를 얻기 위한 실질적인 작업"이 이루어지지 않았던 것이다. 맹자가 지적한 내용들은 스핀들러 졸트가 제시한 원칙과 비교하기는 어렵지만, 각주 136)에 소개된 래리 메이의 원칙으로는 설명할 수 있는 부분이 있다.

먼저, 악한 위정자들을 징벌하는 것은 응보(retribution) 원칙과 연결되며, 전쟁 후 백성들을 안정시키고 질서를 회복시키지 않고 도리어 파괴하고 착취한 것을 비판한 것은 재건(rebuilding), 화해(reconciliation), 배상(restitution) 원칙에 상응하는 것으로 보이고, 그리고 기물 반환과 철수를 종용한 것은 반환(reconciliation)과 일맥상통한 사유를 보여주는 것이라 하겠다.

나. 맹자의 조금 다른 고민들

앞 절에서 우리는 맹자의 의전론을 서구 정의전쟁론의 3가지 측면의 원칙들에 대입해서 어떤 점에서 같고 어떤 점에서 다른지 간략하게 살펴보았다. 여기서는 일반적인 정의전쟁론에서는 찾기 힘든 맹자의 조금 다른 독특한 고민들을 짚어보고자 한다.

첫째, 전쟁의 원인과 관련한 인간에 대한 성찰.

정의전쟁론에서는 "어떤 전쟁이 정당한가? 어떤 전쟁이 정당하지 않은가?"라는 질문이 중요하다. 이 질문은 전쟁의 정당성, 전쟁에서의 정당성, 전쟁 이후의 정당성으로 분화하여 그 답을 찾는 노력으로 이어졌다.

그런데 여기서 우리는 이렇게 질문을 바꿀 수 있다. "어떤 전쟁이 선인지 악인지 따지기 전에, 도대체 인간은 왜 전쟁을 벌이는가?" 이 질문에서 초점은 '인간'에게 있다. 인간은 어떤 존재이기에 자신을 비롯한 인간 사회와 자신이 쌓아 올린 문명, 주변의 자연까지 파괴하는 전쟁이라는 무시무시한 폭력을 휘두르는 것일까? 이 질문은 전쟁의 정당성 여부를 따지는 정의전쟁론의 질문에서 한 걸음 더 깊이 들어가 전쟁 자체의 발생 원점에까지 소급하는 질문이다. 발생한 현상으로서 전쟁에 대처하는 문제를 넘어 전쟁이 발생하는 근원적인 원인과 이유를 찾는 문제이다.

맹자는 자신의 성선설에 기초하여 인간의 선한 본성[仁義]과 그렇지 못한 욕망[利]를 대비시키며 인간이 왜 배타성과 폭력성을 일으키는지, 그리고 그것을 극복할 수 있는 내적인 토대를 어떻게 발견할 수 있는지 논한 바 있다. 맹자는 인간을 이해함으로써 전쟁의 원인과 이유를 근원적으로 파헤치는 사유를 전개한 것이다.

전쟁은 사회적 현상이지만 그 사회를 이루는 것은 인간이기에, 인간에 대한 이해 위에서 사회적 현상으로서 전쟁을 파악하는 일도 간과할 수 없는 작업이다. 인간 안의 선과 악의 특성을 어떻게 해명하고, 이를 우리 삶의 현실에서 어떻게 실현하고 제어할 수 있을까? 이것이야말로 인류의 가장 원초적인 과제 중 하나가 될 것이다.

둘째, 정당한 권위 문제와 관련한 맹자의 사유가 주는 시사점.

맹자가 말하는 정당한 권위는 형식적·절차적 혹은 제도적 차원에서 충분히 확보되지 않는다. 근대국가체제 이후 국가가 당연히 권위와 권리를 갖는 것과는 다르다. 오히려 중세 기독교적 사유와 유사하다. 전쟁의 권위에는 내면성 개념이 결부된다. [앞의 「2-2-나. 기독교 정의전쟁론」에서 어거스틴을 다룬 부분 참조]

그리고 맹자의 정당한 권위는 "어떤 정치를 펼치는가?"로 확인된다. 의전의 정당한 권위는 왕도정치라는 사랑과 정의(仁義)의 정치, 도덕적 정치를 펴는 천리라 불릴만한 위정자에게 있다. 그의 나라가 대국이냐 소국이냐는 중요하지 않다.[165] 그가 천자인지 아닌지보다 진정한 유덕자인지 아닌지가 관건이다. 천자라는 이름(名(명))보다 덕을 갖추었다는 실제(實(실))가 더 중요하다.

이러한 맹자의 정치관과 전쟁관은 궁극적으로 "공존을 위한 인

---

165) 맹자는 거듭하여 성왕들이 작은 영토로도 훌륭한 정치를 폈다고 역설하곤 했다. 반면, 힘에 의지하는 패자들이 대국을 원했다고 비판하였다. (인용문 29) 참조)

간 공동의 조직적인 노력"(안외순 2016, 27-28)이라는 정치의 본질에 충실한 정치의 복원에 그 목적이 있다. 이때 정치란 유가적 정치 개념인 "바르게 함"이라는 의미이며,[166] 의전 또한 "바르게 함"이라는 뜻이다. 바르게 함이란 인간의 선한 본성인 인의와 조응하는 것이다. 또 맹자는 바른 정치를 혼란(亂(란))을 다스리는 것(治(치))으로 설명하기도 하였다.[167] 결론적으로 그가 목소리 높인 왕도정치의 실현과 그 연장선에서 승인된 의전은 혼란한 패도정치의 시대를 다스려 종식하고 참된 정치의 회복을 주창하는 의미가 담긴 것이다.[168]

사상가들에 따라 정치의 본질을 무엇으로 볼지 여러 모양으로 갈린다. 하지만, 어떤 이들이 말하는 것처럼 정치의 본질이 폭력이라면, 전쟁이 곧 정치라고 말해야 한다. 그러나 서구에서도 플라톤과 아리스토텔레스로부터, 시리즈 1권에서 언급했던, 한나 아렌트 등의 현대 지성인들에까지 정치는 폭력이 아니라 공동체의 동의와 합의를 통해 더 나은 선을 추구하는 권력으로 이해되었다. 마찬가지로 공자와 맹자도 정치를 혼란과 무질서를 극복하는 다스림으로 또 바로잡음으로 본 것이다. 따라서 맹자가 의전의 권위를 왕도정치를 펴는 도덕적 권위자에게 두는 것은 궁극적으로 의전은 정치의 복원, 즉 혼란을 질서로, 폭력과 이기심을 평화와 인의로 바로

---

166) 공자는 정치(政)를 바르게 함(正)이라고 보았다. (『논어』「안연(顔淵)」 17.)
167) 『맹자』「등문공 하(滕文公 下)」 9.
168) 맹자의 정치관과 의전의 관계에 대해서는 안외순(2012; 2016), 이희주(2011)을 참조할 것.

잡는 정치를 실현하는 것과 결부시켜 본다고 하겠다.

오늘날 전쟁에서 너나 할 것 없이 정의를 외치고, 성스러움을 부르짖지만 [많은 정치 세력이 자신의 전쟁을 성전으로 포장하곤 한다.], 과연 그들이 희구하는 정치는 어떤 것일까? 그들은 어떤 정치를 하고 있으며, 어떤 정치를 세우려 하는 것일까?

셋째, 양자 전쟁을 넘어서는 질서의 구축 문제.

클라우제비츠가 말한 양자의 적대 관계와 그에 따른 전쟁의 모델은 다분히 그 자체로 권리와 선을 담지하는 근대 국가체제를 반영한 발상이다. 국가는 서로에게 상위의 선이 될 수 없다. 만국 대 만국의 투쟁 상태로 양자 대립할 수밖에 없는 도덕적 지위를 가진다.

그런데 역설적으로 근대국가체제의 기저를 이루는 홉스의 아이디어에 단서가 있다. 만인 대 만인의 투쟁을 종식할 수 있는 것은 만인 위에 군림하는 리바이어던이라는 지배 권력을 세우는 것이다. 그 체제를 승인하고 합의한 사람들은 폭력을 내려놓고 평화상태로 들어갈 수 있기에 리바이어던은 그 자체로 공동선(commonwealth)으로 부를 수 있게 된다. 각 개인이 다른 개인을 '타자'로서 배타적으로 투쟁할 대상으로 볼 수밖에 없던 데서 이제는 공동체의 '우리'로서 질서 있게 함께 공존할 수 있는 상태로 바뀌는 것이다.

여기서 눈여겨볼 것은 하나의 지배적인 질서체제를 수립하는 것이다. 그리고 그러한 체제 안에서 투쟁하던 '만'인이 공동체로서 '하나'가 되는 것이다. 시리즈 1권에서 플라톤이 내전(內戰: Stasis: στάσις)과 외전(外戰: Polemos: Πόλεμος)을 구별했던 것을 기억할 것이다. 이 두 전쟁 개념의 중요한 분기점은 전쟁 대상이 헬라스인이냐 비헬라스인이냐의 차이였다. 즉 '우리'로 인식되는 공동체와 '타자'로 인식되는 공동체의 차이는 전쟁의 성격을 바꾼다. 하나의 공동 질서를 수립하는 것은 '타자'를 '우리'로 확장하는 작업이다. 그것이 정치적이든, 문화적이든, 종교적이든.

칸트의 세계국가 기획도 이와 같은 질서체제의 수립이라는 발상의 연장이라고 볼 수 있다. 홉스가 만인 대 만인의 투쟁을 리바이어던이라는 국가 수립으로 해결하지만, 만국 대 만국의 투쟁은 자연상태로 그냥 받아들였던 것과 달리 칸트는 만국 대 만국이 투쟁하는 현실 위의 질서체제로서 국가 위의 국가인 세계국가 구상을 제시한다. 칸트가 말한 대로 근대국가체제에서 국가 간 징벌은 불가능하다. 국가 위의 질서 혹은 가치 기준이 부재하기 때문이다. 그러나 만약 인류가 세계국가에 비견되는 상위의 질서를 수립할 수 있다면?

맹자는 상벌하(上伐**下)를 征[정]으로 본다. 이때 상과 하는 도덕적 우열을 뜻하기도 하지만, 그가 누누이 이야기하는 성왕들의 질서체제, 천리가 곧 천자가 되는 질서체제를 염두에 두고 있다고 보아야 한다. 제후들의 각축장이 된 천하는 마치 선악을 구별할 수 없는 국가 간의 투쟁과 유사하다. 맹자는 그런 제후들 위의 질서를 희구한다. 성왕들이 모범을 보였던 그런 체제, 즉 유학적인 이상정치가 회복되고 실현된 체제를 가리키는 것이다. [각주 116) 참조]

3장

몇 가지 쟁점들

우리는 Ⅱ부에 접어들어 먼저 맹자의 의전 개념과 그 차별성을 상세히 공부했다. 이어서 서구 정의전쟁론의 개요와 역사적 전개를 간추리고, 정의전쟁론의 3가지 도덕적 심판에 따라 맹자의 의전을 살피며 맹자의 의전이 정의전쟁론과 관련하여 어떤 독특한 생각거리를 주는지 검토해 보았다. 비록 제한적인 수준에 머물지만, 이로써 서구의 사상과 맹자를 대표로 한 동양의 사상을 대조해 볼 수 있었다.

여기서는 정의전쟁론과 관련한 쟁점과 그와 관련하여 고민할 점을 몇 가지 소개할까 한다. 쟁점에 관한 내용은 주로 정의전쟁론의 한계와 비판, 그리고 그에 대한 변호로 채워질 것이다. 이는 정의전쟁론의 성격을 띠는 맹자의 의전에 대한 비판과 변호로도 그대로 적용될 수 있을 것이다.

거기에 더해 이 논의들은 전쟁을 윤리라는 틀 안에서 이해할 때 부딪히게 되는 윤리적 딜레마, 현실적 제한이나 모순이 무엇인지, 정의전쟁론 내부와 외부에서 어떤 다양한 문제들이 얽히는지, 그리고 그와 연관된 우리의 과제는 무엇인지 성기게나마 훑어보게 해 줄 것이다. 전쟁과 윤리라는 거창한 테제를 정의전쟁론에 국한하여 공부하는 이 책의 한계를 조금이나마 보완하는 데 이 부분이 도움이 되지 않을까 싶다.

3-1. 통제(restraint)와 정당화(justification) 사이

인류 역사에서 폭력을 그 자체로 선하고 정당하다고 본 적이 있을까? 폭력을 그 자체로 선하다고 하기는 힘들다. 그런데 역사적으로 어떤 상황에서는 폭력이 선을 위해 반드시 필요하고 요청된다는 믿음이 없었던 것도 아니다. 폭력이 선을 이루기 위한 필수조건처럼 받아들여진 경우가 있는 것이다.169)

169) 정의전쟁론 밖으로 그 논의의 지평을 넓히면, 우리가 지금까지 논해왔던 국가, 정치, 도덕의 차원과 다른 좀 더 거시적인 역사의 장 안에서 전쟁 폭력 자체의 선악 여부가 다르게 평가되기도 했다. 이는 어떤 전쟁의 정당성을 구체적으로 논의하기 전에 이미 시대적으로 전쟁을 긍정적으로 보거나 부정적으로 판단하는 일이 가능했다는 것이다. 만약, 특정 역사 상황 속에서 전쟁 폭력이 선으로 쉽게 요청될 수 있다면, 정의전쟁론에서 말하는 정당한 이유 원칙이 지배적인 힘을 발휘할 수 있는 요건이 이미 갖추어져 있는 셈이다.

대표적인 사례가 18~19세기 유럽에서 발견된다. 18세기 절대왕정 국가들은 홉스적인 리바이어던 체제 내의 질서를 의문시하지 않고, 더 이상 기독교적 정의 관념에 의존하는 국제질서와 평화를 의식하지 않게 되면서 다른 국가와의 전쟁을 주저하지 않게 되었다. 그러나 계몽주의자들은 국가의 질서가 불공정하고 부패할 수 있다는 반성을 하게 되고, 정의롭지 않은 국가 질서를 바로잡는 노력이 요청되었다. 이것은 18세기 말 이후의 여러 혁명으로 이어졌다. 그리고 그러한 혁명 과정에서 폭력은 더 나은 세계를 위해 필

대개 폭력은 악으로 생각한다. 그런 까닭에 전쟁 폭력 역시 늘 의심하고 배척할 대상이었다. 다만, 상위의 선한 목적을 위한 수단으로 그 필요성이 인정될 때에는 부득이하게 사용할 수 있는 필요악으로 간주하였다. 그런데 과연 부득이한 경우라도 폭력은 우리가 사용해도 좋은 수단으로 볼 수 있을까? 우리가 조심해야 할 부분은 없을까?

한 가지 예를 들어보겠다. 내 집에 몰래 들어온 도둑들이 가족들을 위협하고 재산을 강탈하려고 할 때 나는 어떻게 해야 할까? 다음의 2가지 선택을 가정해 보자.

① 야구 방망이를 휘두르며 저항한다.
② 주방의 가스선을 절단하고 불을 붙이겠다며 맞선다.

요한 것으로 요청되었고 정당화되었다. 부도덕한 전쟁은 국가 외부를 향하는 정복전쟁이었고, 도덕적으로 정당한 전쟁은 국가 내부를 향하는 내전이었다. 이른바 대항 폭력의 개념이 그것이다. 이는 국가 내부의 비이성-불법-부도덕-정복정치-억압 등을 제거하고, 정의로운 질서를 바탕으로 한 국가 간의 세계적 평화를 구축할 수 있다는 이상에 따른 것이었다.

이러한 역사적 흐름 속에서 19세기를 전후하여 전쟁이 문화와 문명을 이끄는 원동력이 될 수 있다는 전쟁에 대한 긍정적 인식이 성장하게 된다. 특히 유토피아적 진보를 신봉하는 정치 이데올로기들에서 자주 목격되었다. 이들은 기독교 천년 왕국과 같은 이데올로기적 미래 이상을 저해하는 세력을 미래 평화의 이름으로 절대적 적으로 간주하였다. 이들의 평화 개념에는 역설적이게도 전쟁과 적대성이 농후하게 자리잡는 것이었다. 그리고 진보의 이상 안에서 역사적 현상으로서의 전쟁은 정당화될 수 있는 여지가 커지게 되었다. (이상의 내용은 빌헬름 얀센(2016a; 2016b)를 참고하여 정리한 것임을 밝힌다.)

위와 같은 역사적 사례를 통해 우리는 다음과 같은 질문에 진지하게 임해야 할 것이다. "우리는 우리가 처한 시대 분위기 속에 매몰되지 않고 우리가 맞닥뜨리는 전쟁 자체를 객관적인 입장에서 도덕적으로 평가할 수 있을까?"

①의 경우, 야구 방망이를 휘두르는 것은 위험한 폭력행위이니 해서는 안 될 짓이라고 할 사람이 있을까? 분명히 이 예에서처럼 우리 삶에서는 수단으로서 폭력의 필요성을 인정해야 하는 경우가 있어 보인다. 야구 방망이로 대응하는 것은 정당방위로 받아들여질 만하다.

②는 어떤가? 잘못해서 가스가 폭발하여 모두가 큰 피해를 입는다면 어떻게 되는 걸까? 우리가 폭력을 사용할 필요성을 인정한다손 치더라도 사용하는 폭력 자체가 너무 크고 위험하면 본래의 필요성 자체를 무색하게 만들 수 있다.

그런데 여기서 한 번 더 생각해보자. 만약 우리집에 들어온 자들이 단순한 도둑이 아니라 흉악한 살인범이라면? 그래서 상황이 너무나 급박하고 위중하여 물불을 가릴 처지가 되지 못한다면? 그런 경우 우리는 ②의 선택도 고려할 수 있지 않을까?

전쟁이라는 폭력은 인간 사회의 폭력 중 가장 큰 폭력이다. 전쟁은 야구 방망이보다 폭발할 수 있는 가스불에 가깝다. 전쟁이라는 수단에 내재하는 위험이 가스불이 가지는 위험과 유사하기 때문이다. 가스불이 터질 수 있는 위험이 있다 하더라도 평소의 안전장치 하에서는 아무도 걱정하지 않고 매일 유용하게 잘 쓴다. 그러나 안전장치의 통제권 밖으로 벗어나는 상황이 되었을 때 그 폭발력은 모두를 큰 위험에 빠뜨리게 된다.

전쟁은 가스불과는 비교할 수 없을 만큼 위태롭고 파괴적이기에 되도록 사용하지 않는 것이 더 나을지도 모른다. 그러나 전쟁은 인간 사회 내의 문제를 해결하기 위한 수단 중 하나로 오랜 역사

동안 사용되어 왔다. 그렇다면 과연 우리는 전쟁이라는 수단을 가스불처럼 안전하게 우리의 통제권 안에 둘 수 있는 걸까?

보통 수단이라고 하면, '手段(수단)'이라는 한자어에서 보듯이 사람의 손 아래 있는 것이다. 사람의 목적에 따라 활용되고 쓰임 받는다. 사람이 자신의 목적이나 의도에 따라 그 수단을 이렇게도 쓰고 저렇게도 쓰고 그 쓰임이 다하면 내려놓고 다른 수단을 들어 작업을 계속한다. 이처럼 수단은 개념상 목적에 [혹은 목적의 자리에 있는 사용자에게] 통제받는다.

전쟁이 수단이라면 그를 사용하는 인간의 목적은 구체적으로 무엇일까? 시리즈 1권을 다시 상기해보면, 클라우제비츠는 그것을 정치라고 보았다. 앞의 2장 1절의 맹자의 의전 개념에서도 [왕도정치라는] 정치의 목적에 따라 의전의 필요성이 정당화되고 그 내용까지 인도되었다. 즉 정치와 전쟁이 목적-수단 관계라는 이해는 동서양이 크게 다르지 않다. 전쟁이 단순히 개인의 사적 폭력이 아닌 사회적 폭력이고 공적 폭력이라는 점에서 정치공동체의 목적 아래 있고 그 통제를 받아야 한다는 생각은 일치하는 것이다.

우리가 공부한 클라우제비츠나 맹자의 생각을 따르면, 전쟁의 통제 문제는 기본적으로 목적인 정치에 달려있다. 이 말은 단순히 권력 구조와 위계 상 정치권이 군사권을 통제한다는 의미로만 볼 게 아니다. 어떤 정치냐에 따라 전쟁에 대한 가치관이 달라지고, 그에 따라 규제되고 인도되는 전쟁의 형태가 달라질 수 있다는 점도 염두에 두어야 한다. [앞에서 다룬 왕도정치와 패도정치, 그리고 평화주의, 현실주의, 정의전쟁론이 전쟁에 대해 어떤 다른 태도를 보였는지 떠

올려보라.]

그런데 전쟁이 진짜 위험한 이유는 우리의 목적 아래 통제되지 않을 수 있는 무시무시한 수단이라는 점 때문이다. 가스불은 우리의 부주의로 인해 통제권 밖으로 벗어나게 된다. 그러나 전쟁은 가스불과 달리 우리가 세심하게 주의해도 문제를 일으킬 수 있다. 전쟁 통제의 어려움은 사나운 핏불테리어를 다루기 어려운 것과 비슷하다. 흥분한 핏불테리어는 목줄과 입마개를 해도 그를 끊고 벗겨내고는 다른 개나 사람을 공격한다. 개 주인의 통제를 이겨 버리는 것이다.

전쟁은 그 자체 폭력의 힘이 상승하여 무제한으로 폭발할 수 있다. 그런 폭력성이 전쟁의 본질이다. 클라우제비츠가 절대전쟁 개념으로 경고한 모습이 바로 그것이다. 클라우제비츠의 경고에 따른다면, 전쟁은 우리가 사용하는 보통의 수단처럼 우리 손 아래에서 잘 통제될 수 있다고 보장할 수 없다.

시리즈 1권에서 보았듯이, 클라우제비츠도 정치가 전쟁의 목적이어야 한다고 생각했지만, 속내로는 그것이 쉽지 않음을 감지하고 있었다. 클라우제비츠는 폭력이 무제한으로 상승하는 전쟁, 즉 절대전쟁을 "정치를 삼켜버리는 전쟁"이라고 말했다. 그의 시대는 이미 그런 절대전쟁을 현실화할 수 있는 사회적 조건을 갖춘 때였다.[170] 그는 목적-수단의 정치-전쟁의 관계가 그 반대인 전쟁-정

---

170) 클라우제비츠가 말한 폭력의 무제한적 상승은 두 가지 측면으로 나누어 볼 수 있다. 하나는 시간적 연속이고, 하나는 양적 증가이다. 폭력의 연속은 물러서지 않는 적대적 양자 간의 상호작용으로 설명될 수 있다. 하지만, 물리

치로 전복될 위험성을 내재한 채 불안정하게 접합된 관계임을 애써 강조하지 않았을 뿐이다.171)

정의전쟁론의 공헌은 바로 이 부분에 있다. 정의전쟁론은 전쟁의 정의와 전쟁에서의 정의, 전쟁 이후의 정의라는 3번의 도덕적 심판을 통해 전쟁을 규제하고 제한한다. 전쟁을 계획하고, 전장에서 직접 전쟁을 수행하고, 종전 후 마무리하고 복원하는 이들이 자신이 할 것과 하지 말아야 할 것에 대한 제한선을 계속 의식하며 자신의 선택을 돌아보게 한다.

정의전쟁론의 입장에서 보면, 현대 국제정치의 주류 사상인 현실주의는 전쟁의 통제 문제에 있어서 그다지 좋은 대안이 될 수 없다. 먼저 현실주의자들은 클라우제비츠식의 목적-수단 관계의 정치-전쟁이라는 대전제 위에서 정치에 의한 전쟁의 통제 가능성을 가정하지만, 이는 앞에서 이미 말한 대로 전쟁 자체가 갖는 통제 불능의 폭력성을 너무나 안이하게 본다는 비판을 피할 수 없다 (Anthony Coates 2003, 212).

적 폭력의 무제한적 증가는 실제로 그런 폭력이 가능해야 한다. 클라우제비츠는 나폴레옹 군대의 등장을 통해 당대의 전쟁이 사회적·군사적으로 그러한 무제한의 폭력을 동원하고 사용할 수 있는 시대가 되었음을 인식한다(조은영 2024, 105-115). 다만, 클라우제비츠는 시간적 연속 문제는 전쟁의 중단으로, 양적 증가 문제는 시공간적 제한으로 폭력의 집중이 제한된다는 점에서 현실전쟁으로 전환된다고 보았다(클라우제비츠 2007, 65-68; 70-76). 그럼에도 불구하고, "정치를 삼켜버리는 전쟁"을 부정하지 못했다는 점에서, 현실전쟁의 테두리 안에 갇히지 않는 게 전쟁의 본질적 특성이라고 보아야 할 것이다.

171) 클라우제비츠는 정치와 전쟁 관계의 불안정성을 정치 우위의 삼중성 이론으로 봉합하고자 했다. 그것은 인민 중심의 전쟁을 국가 중심의 전쟁으로 전환하고자 하는 노력의 일환이었다고 평가받고 있다(조은영 2024, 146-147).

무엇보다 현실주의는 정의전쟁론과 비교해 전쟁에 대한 근본적인 이해의 차원에서 전쟁 통제의 가능성을 약하게 만들어버린다. 마이클 월저는 다음과 같이 말한다.

> 42) 매우 자주 전쟁은 일종의 폭정이다. … 중략 … **전쟁 자체가 독재자인 듯, 즉 홍수 또는 기근과 같은 천재지변 또는 인간을 먹이로 하는 거대한 괴물인 듯 사람들은 '전쟁의 폭정'을 언급하고 있다.** … 중략 … **그러나** 이 같은 이미지 [로 인해] … 중략 … 우리의 비판적인 판단이 흐려지고 있다. … 중략 … **전쟁은 스스로 시작되지 않는다.** (마이클 월저 2007, 110-112)

월저는 [위 인용문에는 나오지 않지만, 클라우제비츠의 절대전쟁의 무제한성을 염두에 두고 언급한] '전쟁의 폭정'을 '자연의 필연성'인 것처럼 신봉하는 현실주의자들을 비판한다. 전쟁의 폭정을 자연의 필연으로 받아들이는 순간 전쟁이 인간의 통제 밖으로 내달리는 것을 막을 이유가 없어진다. 그건 자연스러운 현상이니까.

그러나 월저는 전쟁은 물리적 운동이 아니고 사람들이 만드는 제도, 관행과 관습이 중요한 사회적 산물이라고 강변한다. "무엇이 전쟁이고 무엇이 전쟁이 아닌지를 결정하는 것은 사람"이다(마이클 월저 2007, 101-102).

그가 볼 때, 전쟁은 인간의 선택과 판단의 영역에 있는 사회적 산물이다. 현실주의와 달리 정의전쟁론의 입장은 전쟁을 인간의 자유, 즉 선택과 판단 아래 있다고 본다. 이처럼 정의전쟁론의 의의는 정치의 차원에서 전쟁을 필연이 아닌 인간 자유의 영역에 존재하는 현상으로 이해하고, 인간의 선택과 판단의 과정에서 도덕적으로 전쟁을 억제하고 통제하는 역할을 할 수 있다는 데 있다.

그런데 놀라지 마시라. 역설적이게도 정의전쟁론의 가장 큰 의의라 할 수 있는 전쟁 통제가 도리어 그 반대 효과를 파생한다는 것이 정의전쟁론에 대한 가장 큰 비판 중 하나이다. 본 절의 제목처럼 '통제 vs 정당화'의 논쟁이 바로 그것이다.

정의전쟁론을 통제가 아닌 정당화의 측면에서 비판하는 이들의 입장에 따르면, 정의전쟁론이 전쟁을 제한하려는 목적과 의도와 달리 일단 정당한 전쟁으로 승인된 전쟁은 자유롭게 수행할 수 있게 된다. 그래서 전쟁에 대한 제한의 문턱을 낮추는 결과를 초래한다. 정의전쟁론은 전쟁에 대한 정당화의 도구로서 전쟁의 억제나 제한이 아닌 전쟁할 권리와 자유를 부여하여 더 쉽게 심지어 떳떳하게 전쟁을 할 수 있는 문을 열어주는 역설적 상황을 빚어낸다.

역사적으로 정의전쟁론이 당대 권력을 옹호하기 위한 이론으로 발전했다는 주장과 실제로 특정 권력자나 권력 집단이 자신들의 전쟁을 정당화하기 위해 정의로운 전쟁을 표방한 사례들은 정의전쟁론이 통제보다는 정당화의 역할을 하였다는 비판의 대표적인 근거들이다.

예를 들어 어거스틴의 정의전쟁론도 로마의 전쟁을 기독교적으로 정당화하기 위한 작업이었다고 비판하거나, 근대에 접어들어 국가 주권 중심으로 정의전쟁론이 변모되는 것도 역시 당대 권력 지형에 따른 타협이라고 평가할 수 있다. 또 역사적으로 권력 집단이 자신의 정복욕을 정당화하기 위해 정의를 내세우는 경우는 비일비재했다. 그리스 시대 현실주의적 정치 권력도 겉으로는 정당한 이유로 포장했다. 나치 독일도 당대의 민족주의적·인종주의적 이념을 정당하다고 믿고 전쟁을 일으켰다. 9.11 테러 이후 부시 행정부의 테러와의 전쟁은 많은 논란을 낳았는데, 특히 이라크를 공격한 것은 표방한 이유와 진짜 의도가 다르다는 의심을 받기도 했다. 가장 최근의 러시아·우크라이나 전쟁에서도 러시아는 자신들이 우크라이나를 침공하는 이유가 정당하다고 목소리를 높였지만, 국제적인 동의를 얻지는 못했다.

이처럼 정의전쟁론이 통제와 정당화 사이에서 이중적 모습을 띤다는 주장은 무시할 수 없다. 단순히 역사적 상황이나 특정인이나 정권의 문제에 그치지 않고, 더 나아가 정의전쟁론 자체가 내재적으로 그와 같은 모호성을 유발한다는 점에 주목할 필요가 있다. 이는 전쟁을 윤리적으로 접근했을 때 마주칠 수밖에 없는 문제라는 점에서 더욱 중요하다. 이에 대해서는 다음 절에서 좀 더 자세히 살피도록 하겠다.

3-2. 도덕적 심판의 위험

앞 절 말미에서 통제와 정당화 사이의 모호성을 정의전쟁론 자체가 내재적으로 유발한다고 했다. 왜 정의전쟁론 안에 그러한 문제가 있다고 보는 것인지 그러한 문제에 어떤 위험이 있는지 살펴보도록 하자.

코아테스(Anthoy Coates)는 러셀(F.H. Russell)의 '지난 3000년 동안 정의전쟁론은 폭력을 통제하고 정당화하는 이중 목적을 가지고 있었으며, 이는 본질적으로 자기 모순적인 운동"(F.H. Russell 1977, 308)이란 말을 인용하고 난 뒤 정의전쟁론의 모호성에 대해서 다음과 같이 덧붙인다.

> 43) **통제인가 정당화인가?** 이 원천적인 모호성은 정당한 전쟁에 관한 사유의 핵심적인 딜레마이다. **제한이 없는 전쟁은 정당화될 수 없지만, 전쟁이 정당화될수록 제한이 줄어드는 것처럼 보인다.** 현실주의자들이 자주 지적하듯이, 전쟁을 윤리적 통제의 대상으로 삼으려는 시도는 너무나 쉽게 제한 보다는 도리어 상승으로 이어진다. **역설적이게도 전쟁의 윤리적 통제에 대한 가장 큰 위협은 도덕성 자체에서 비롯될 수 있다. 전쟁에 도덕적 목적이 부여될수록 전쟁은 제한을 덜 받게 되고, 더 간절하게 전쟁을 추구하고 더 격렬하게 싸우게 된다.** 전쟁과 같은 파괴적인 사업에서 우리는 어떤 결함보다도 **도덕의 과잉을 더 두려워해야** 할지 모른다(Anthony Coates 2003, 212).

인간 사회의 갈등을 해결하는 수단으로 불가피하게 전쟁을 쓸 때 어떤 제한도 없이 쓴다면 지옥이 되고 말 것이다. 폭력이라는 수단은 목적에 부합하고 통제 가능한 선에서 최소한으로 써야 한다. 잘못하면 모든 것을 파괴하고 불태울 수 있기 때문이다. 어떤 것이든 무차별적으로 자행할 수 있는 무제한의 전쟁을 정당하다고 받아들일 수는 없다. 그러기에 정의전쟁론은 전쟁에 대해 3가지 차원에서 도덕적 심판을 한다. 그러한 심판은 전쟁 자체와 전쟁에서의 행위와 전쟁 이후의 과정을 제한하고 통제하기 위한 것이다.

그런데 어떤 전쟁이 정당하다고, 즉 선함과 옳음을 대표하게 되면, 좀 더 극적인 예로 성전(holy war)이 되는 순간, 갑자기 그 전쟁을 멈출 브레이크가 망가지게 된다. 우리가 시리즈 1권에서 적이라는 개념을 공부하면서 선악의 정체성으로 우리와 적이 구별될 때 적대성이 심화된다고 했던 것을 기억할 것이다. 우리가 선이고 적이 악이 될 때, 이 전쟁은 스스럼없이 치를 수 있는 전쟁이 되고 반드시 싸워야 할 전쟁이 된다. 악마를 죽이는 데 가책을 느낄 이유가 없다. 악마를 제거할 때는 무엇을 해도 된다고 생각하게 된다. 그때의 폭력은 폭력이 아니게 된다.

이처럼 정의전쟁론이 도덕적 심판을 할 때, 그 결과는 마치 양날의 검처럼 한편으로는 통제의 힘을 다른 한편으로는 통제 불능의 힘을 발휘할 수 있다. 정의전쟁론이 핵심으로 삼는 도덕성 자체가 통제의 근거도 되지만, 통제 불능의 기점이 되기도 하는 것이다. 통제하기 위한 것이 도리어 통제 불능의 상황을 만든다면, 우리는 정의전쟁론을 어떻게 보아야 할까? 쓸모없다고 폐기해야 할까?

그러나 전쟁 통제라는 과제에 관해 평화주의나 현실주의가 더 나은 해결책이 될 수 있는지는 의문이다. 평화주의는 현실에서 너무 높고 멀다. 현실주의는, 앞서 살펴본 대로, 사상적 전제 내부에 전쟁 통제에 대한 무관심과 방조가 깔려있다. 합리적인 해결책은 정의전쟁론 자체를 거부하는 게 아니라 정의전쟁론이 갖는 '통제와 정당화'라는 이중성을 모두 인정하는 데 있다(Anthony Coates

2003, 212). 우리는 정의전쟁론이 전쟁을 정당화하여 전쟁 위협을 가중시킬 수 있다는 위험을 충분히 고려하면서 정의전쟁론 본연의 전쟁 통제 목적과 역할을 제대로 실현할 수 있게 더 주의해야 한다.

이와 관련하여 코아테스는 정의전쟁론의 전쟁 정당화 측면을 긍정하되, 전쟁에 도덕적 자유와 권한을 부여하는 '긍정적 정당화(positive justification)' 형태 대신 근본적으로 전쟁을 반대하고 통제하는 '부정적 정당화(negative justification)' 형태를 바람직한 정당한 전쟁 개념으로 발전시키자고 제안한다. 코아테스에 따르면, 부정적 정당화와 긍정적 정당화의 근원적인 차이는 전쟁에 대한 도덕적 전제에 있다. 3장 서두에서 [전쟁] 폭력은 악인가라는 질문으로 시작했던 걸 기억할 것이다. 전쟁 폭력은 도덕적으로 회의될 수밖에 없지만, 매우 특별한 상황에서만 수용될 수 있다고 했다. 바로 이 지점을 전쟁에 대한 도덕적 출발점으로 삼는 게 부정적 정당화의 정당한 전쟁 개념이다. 전쟁은 도덕적으로 "규범이 아니라 예외"라고 보는 것이다(위의 논문, 212-215). 즉 전쟁에 대한 부정적인 도덕적 전제야말로 몇 가지 도덕적 원칙을 간단한 체크-리스트(Check list)처럼 확인해 보고는 "이제는 마음껏 전쟁해도 된다."라는 식의 전쟁에 대한 긍정적 허용으로의 손쉬운 전환에 저항할 수 있게 해 준다.

따라서 정의전쟁론에서 보는 전쟁에 대한 태도는 근본적으로 평화주의와 더 가깝다. 전쟁은 하지 않으면 않을수록 좋다. 한다면, 왜 해야 하는지 어떻게 하고 마무리해야 하는지 최대한 전쟁을 하지 않는 방향에서 따지고 평가한 뒤 부득불 '예외적으로' 수행할 수밖에 없을 때 최후의 수단으로 선택해야 한다. 전쟁이 정당하다는 이유만으로 전쟁의 모든 과정에서 자유를 획득하는 게 아니다. 전쟁의 정당성을 확인하는 것은 시작일 뿐 전쟁의 수행과 종결까지의 전 과정에서 도덕적 영향력을 유지해야 한다. 전쟁의 정당성에서부터 전쟁 이후의 정당성에 이르기까지 평가해야 할 제반 원칙들이 상호연관성을 갖고 있다는 점을 강조함으로써 전쟁에 대한 저항의 문턱을 높여야 한다(위의 논문, 216-217).

3-3. 도덕적 위험에서 도덕의 본연으로

앞서 살펴본 바와 같이 정의전쟁론에는 통제와 정당화의 이중성 문제가 내재하며, 그중 정당화 차원에서 발생하는 도덕적 심판의 위험이 도사린다. 정의전쟁론이 도덕을 통해 전쟁을 통제하려던 목적과 달리 도덕의 과잉으로 인해 전쟁에 대한 고삐를 풀어버릴 수 있다는 이 딜레마를 해결하기 위해 부정적 정당화로 정의전쟁론을 개념화해야 한다는 주장에 귀 기울일 필요가 있다.

여기서는 정의전쟁론에 내재하는 딜레마를 해결하기 위한 또 다른 대안을 소개하고자 한다. 앞에서 우리는 정의전쟁론의 도덕적 심판 중 전쟁의 정당성 영역에서 적용하는 정당한 이유 원칙이 지배적이고 절대화될 때 전쟁 정당화의 문제가 쉽게 이루어진다고 했다. 이에 정당한 이유 원칙 문제를 둘러싼 논란을 중심으로 정의전쟁론에서 논해지는 전쟁의 정의가 도덕 본연의 정신에 따라 이루어져야 도덕적 위험을 줄일 수 있다고 주장하려고 한다.

정의전쟁론은 오랜 역사를 거쳐 여러 원칙을 정립해 왔다. 그런데 현대 정의전쟁론은 전쟁윤리에 대한 형식적 접근을 그 특징으로 한다. 근·현대에 뚜렷해진 정의전쟁론의 법제화 경향은 전쟁 상황에 쉽게 적용할 수 있는 명확한 규칙을 공식화하려는 노력으로 이어졌다. 이는 정의전쟁론에서 말하는 도덕성을 체크-리스트 항목에 확인 표시하는 행위로 축소할 수 있다는 우려를 낳고 있다 (Nico Voster 2015, 67). 정의전쟁론의 여러 원칙이 오랜 역사 속에서 내포하고자 했던 도덕적 본의(本意)와 그를 통해 이룩하고자 했던 전쟁 통제와 평화라는 목적과는 거리가 멀게 사용될 수 있는 위험이 늘어나게 된 것이다. [앞서 다룬 코아테스의 '긍정적 정당화'의 관점이 이에 해당할 것이다.] 특히 여러 학자가 입 모아 전쟁의 정당성(jus ad bellum)의 '정당한 이유 원칙'을 활용하는 데에 있어서 그런 위험이 뚜렷하다고 지적한다.

정당한 전쟁 논의의 구조상 정당한 이유 원칙이 여타의 원칙보다 우선시될 개연성은 충분하다. 정의전쟁론의 3가지 차원 중 시간적으로나 논리적으로나 전쟁 자체의 정당성에 대한 평가가 가장 선결문제라고 할 수 있다. 전쟁에서의 정당성(jus in bello)과 전쟁 이후의 정당성(jus post bellum)은 전쟁의 정당성이 확인된 이후에 검토할 문제이기 때문이다.[172] 그리고 전쟁의 정당성 차원에서 가

172) 전쟁의 정당성이 전쟁에서의 정당성과 전쟁 이후의 정당성보다 선결과제라고 말한 이유는, 전쟁을 수행하는 국가의 시각에서 보면, 전쟁의 정당성에서부터 전쟁 이후의 정당성에까지 순차적으로 도덕적 판단을 진행하게 된

장 우선되는 원칙이 정당한 이유(just cause) 원칙이다. 전쟁의 이유 자체가 부당한데 승리할 가능성이 충분하냐 [성공에 대한 합리적인 기대 원칙], 전쟁으로 인한 피해보다 더 나은 결과를 낳느냐 [결과적 비례성 원칙] 등을 따지는 것은 큰 의미가 없어 보이기 때문이다.

그런데 이처럼 정당한 이유 원칙이 여타의 원칙들보다 선결적인 우선성을 갖는 바로 이 지점에서 정당한 전쟁이 통제보다는 정당화로 기우는 빗장이 풀릴 수 있게 된다. 앞 절에서 말한 대로 일단 어떤 전쟁을 정당한 전쟁, 선한 전쟁으로 규정하며 전쟁할 자유를 부여할 수 있게 되는 것이다.

목적-수단의 관계에서 수단의 정당성은 목적에 의해 결정된다고 했다. 우리집에 도둑이 들어온 경우와 흉악한 살인범이 들어온 경우의 예에서 보듯, 목적이 중요하면 중요할수록 긴급하면 긴급할수록 그에 허용되는 수단의 문턱도 낮아질 가능성이 크다. 그 어

다는 의미로 말한 것이다.

전쟁의 정당성과 전쟁에서의 정당성의 관계에 초점을 맞추어서 보면, 위 기술이 적절하지 않은 경우도 있다. 앞의 2장 2절에서 살펴본 바와 같이, 정의전쟁론의 전통주의 입장은 전쟁의 정당성과 전쟁에서의 정당성이 분리되어 있다고 본다. 전쟁에서의 정당성을 심판받는 주 대상은 군인인데, 군인은 전쟁의 정당성을 검토하고 결심하는 주체가 아니기 때문이다. 그들은 국가가 결정한 전쟁을 수명하여 실행하는 사람들이기에 전쟁의 정당성과는 분리되어 전장에서 전쟁 수행의 정당성을 지키는 것이 요구될 뿐이라는 것이다. 따라서 이와 같이 전쟁의 정당성과 전쟁에서의 정당성을 분리하는 견해를 따르는 경우 반드시 전쟁의 정당성이 선결과제라고 말할 수는 없게 된다. 전쟁에서의 정당성은 그와는 별개로 평가될 것이기 때문이다.

반면 수정주의자들은 전쟁의 정당성이 훼손된 전쟁에서 군인들의 전쟁 행위는 이미 부당하다고 본다. 즉 전쟁의 정당성과 전쟁에서의 정당성은 분리해서 생각할 수 없다는 것이다. 따라서 수정주의자 관점에서 보면, 전쟁의 정당성과 별개로 전쟁에서의 정당성 문제를 따질 수 없다.

떤 수단도 허용될 수 있는 그런 큰 목적이 있다면, 다시 말해 어떤 목적이 절대화되면 그 어떤 수단도 사용해도 된다는 믿음 또한 저절로 커지게 된다.

정당한 이유 원칙은 전쟁의 목적을 검토하는 원칙이다. 따라서 어떤 분쟁 상황에서 정당한 이유를 찾고 그것을 절대화하게 된다면, 그 절대적인 목적을 위해 수행하는 수단으로 전쟁은 자유를 얻게 된다. 전쟁이 통제의 대상이 아니라 사용해도 되는 대상, 더 나아가 사용해야 마땅한 대상이 되는 것이다.

정당한 이유의 절대화의 대표적인 사례는 성전(holy war)을 꼽을 수 있다. 신의 이름을 빌리는 것보다 더 절대적인 목적을 상정하기는 어렵기 때문이다.[173] 또 이상을 부르짖는 이데올로기 전쟁도 그와 유사하다. 십자군 전쟁이나 30년 전쟁과 같은 종교전쟁, 20세기의 전체주의자와 공산주의자들이 벌인 이데올로기 전쟁이 그토록 길고 끈질기게, 비인간적으로 참혹하게 이루어질 수 있던 이유는 그들이 내세운 전쟁의 이유가 절대적인 지위를 누렸기 때문이라고 해도 과언이 아니다.

그런데 백번 양보해서 그들이 내세운 전쟁의 목적을 곧이곧대로 받아들인다면 윤리적으로 크게 부당한 것 같지 않다고 하더라도,

173) 신앙인의 입장에서 보면, 분명히 신적인 섭리와 목적을 말할 수 있다. 그리고 우리가 꿈꾸는 이상은 그러한 신적인 영역의 어떤 것이리라. 그러나 인간 사회의 현실에서 신을 대신할 수 있는 사람은 누구일까? 자신들의 뜻을 신의 뜻으로 대신할 수 있는 이들이 있을까? 적어도 인간의 한계와 부족함을 고려한다면, 인간 사회에서 성전은 불가능하다고 본다. 성전을 참칭하는 이들은 늘 있지만, 진정으로 거룩한 전쟁은 발견하기 어렵다.

그를 문제 삼을 수 있는 이유는 무엇인가? 그들이 내세운 이유와 실제 그들의 의도가 일치하지 않기 때문이다.[174] 여기서 바로 '올바른 의도' 원칙이 대두된다. 정당한 이유는 겉으로만 표방할 수 있다. 그러나 올바른 의도는 내면성과 관계된 개념이다. 내면성은 참된 도덕성을 성립하게 하는 중요한 근거이다.

이와 관련하여 윤리학 영역의 논의를 잠시 소개해 볼까 한다. 우리가 어떤 행위를 했을 때, 그 행위를 도덕적으로 가치 있다고 볼 수 있는 근거는 무엇일까? 이에 대해서 서구 지적 전통에서는 2가지 견해가 양대산맥을 이루고 있다. 하나는 결과주의이다. 다른 하나는 결과주의에 상대하여 동기주의라고도 불리는데, 대표적으로 칸트(Immanuel Kant)의 의무론을 꼽는다.

도덕적 결과주의는 어떤 행위의 결과가 좋으면 그 행위는 도덕적으로 가치 있다고 보는 입장이다. 즉 나의 어떤 선택이나 그에 따른 행위가 '좋음'이라고 부를 수 있는 것을 증진하는 결과를 낳아야 도덕적으로 가치 있는 선택과 행위가 된다는 말이다. 이때 '좋음'이란 보통 행복 혹은 쾌락이란 말로 대신할 수 있는데, 기쁨과 즐거움, 또 그런 쾌락을 불러오는 경제적 이익이나 권력의 증가 등을 생각해 볼 수 있을 것이다.

이를 설명하는 유명한 사고실험이 바로 트롤리(trolley: 전동열차)

---

174) 분명 종교전쟁이나 이데올로기 전쟁에 참여한 사람 중에 자신의 신앙과 정치적 신념에 헌신한 이들도 없지 않을 것이다. 그러나 많은 역사적 증거들은 그 전쟁을 일으킨 정치 권력이 자신들이 내세운 선과 이상에 충실하지 않았으며, 사적인 지배욕과 정복욕에 사로잡혀 있었다는 것을 들추어내 보여주었다.

딜레마다. 내용은 대략 이렇다. 어떤 사람이 기찻길 옆을 걸어가는데, 마침 선로 변경 레버가 있는 곳을 지나고 있다. 그런데 무슨 이유인지는 잘 모르지만 100여 미터쯤 떨어진 A 선로 위에 한 사람이 밧줄에 꽁꽁 묶여 있다. 그리고 B 선로 몇백 미터 끝은 공사 중이라 열차가 운행할 수 없는 상황이다. 이때 맞은편에서 100여 명 이상이 탑승한 트롤리가 고속으로 달려오고 있다. 그대로 두면 B 선로로 직행해서 공사 구조물과 충돌하여 모두 죽을 수 있는 상황이다. 그렇다고 당신이 A 선로에 묶인 사람을 풀어주고 난 뒤 레버를 변환시킬 수 있는 시간적 여유도 없다. 당신이라면 레버를 당겨 열차를 A 선로로 가게 하여 선로 위에 묶인 한 사람을 죽게 하겠는가? 아니면 B 선로로 그대로 가게 해서 100여 명 이상의 사람을 죽게 하겠는가?

결과주의 입장에 따르면, 내가 A 선로로 열차가 가게 레버를 당기는 것이 도덕적으로 비난받을 수 없는 행위이다. 도리어 가치 있는 행위로 평가받을 수 있다. 왜냐면 1명의 사람이 죽는 고통보다는 100여 명 이상의 사람의 생명을 살리는 기쁨이 결과적으로 더 값진 것이기 때문이다. 분명 우리 현실에서는 이와 같은 결과주의적 접근으로 우리의 행위를 선택하는 경우가 많이 발생한다. 제레미 벤담(Jeremy Bentham)의 말대로 '최대다수의 최대행복'을 추구하는 것이 큰 문제는 없어 보인다.

그러나 칸트는 이러한 결과주의를 비판하며, 결과주의와는 다른 참된 도덕성에 관한 시각을 보여준다. 예를 들어, 드라마의 단골 소재로 나오는 이야기인데, 어떤 남자가 굴지의 대기업 후계자가 되기 위해 그 대기업 회장의 딸을 사랑했다고 해보자. 딸은 그 남자를 사랑해서 결혼까지 했지만, 나중에 그 남자가 자신의 아버지 기업을 물려받기 위해 자신을 사랑했다고 하면 어떻게 받아들일까? 그 딸은 사랑하는 남자와 결혼했고, 그 남자는 대기업을 물려받을 수 있는 결과를 얻었으니 도덕적으로 가치 있다고 평가해야 할까?

결과주의에 입각해 보면, 어떤 행위는 결과적으로 얻고자 하는 그것 ['갑'이라고 하자] 때문에 하는 행위가 된다. 위 예에서 보면, 남자의 여자를 사랑하는 행위는 그 여자 아버지의 기업 때문에 하는 행위다. 그 남자는 그녀를 사랑하기 때문에 사랑한 게 아니라 '갑' 때문에 사랑한 것이다. 따라서 그의 사랑하는 행위는 그 자체로 진실한 것인가 의심받지 않을 수 없게 된다.

칸트가 문제 삼는 부분이 이 지점이다. 어떤 행위가 도덕적으로 옳은 것은 그 행위의 결과 때문이 아니라, 그 행위가 내적 진실성 [선한 동기]에 근거할 때이다. 칸트의 말을 빌자면, 그 행위가 옳다는 이유 때문에 그 행위를 하려는 것, 다른 어떤 결과를 미리 기대하거나 바라는 게 아니라 그 옳음 자체를 이유로 행하고자 하는 선의지에 근거한 행위여야 한다는 것이다.

칸트의 도덕론은 도덕적 행위에 내적 진실성이 매우 중요하다는 점을 상기시킨다. 정당한 이유가 아무리 거창하고 결과적으로 우리가 그것을 목적으로 얻고자 한다고 해도, 시작점에서부터 살펴보아야 할 것은 전쟁 당사자들의 내적 진실성이다. 진정으로 그들의 의도가 그들이 내세운 정의로운 목적을 이루기 위한 정의로운 것인지 확인해 보아야 한다. 전쟁에서의 정의는 결과로서의 목적뿐 아니라 동기로서 그리고 내면성으로서 진실한 의도가 함께 짝해야 한다. 그들의 의도가 그들 이유의 정당성과 진실성을 확증시켜 주기 때문이다.[175]

한편 정당한 이유 원칙의 절대화를 경계하는 또 다른 접근 역시 보다 본질적인 도덕의 의미를 고민하는 데서 찾을 수 있다. 앞서 우리는 결과주의와 의무론을 비교하는 데서 내면성 개념으로서 올바른 의도 원칙을 부각해 보았다. 여기서는 도덕의 대전제, 즉 도덕은 본질상 나와 남의 관계에서 성립한다는 데에 주의를 기울여 보고자 한다.

> 44) 그러므로 무엇이든지 남에게 대접을 받고자 하는 대로 너희도 남을 대접하라 이것이 율법이요 선지자니라[176]

---

175) 과연 정당한 이유 원칙이 다른 전쟁의 정당성 원칙이나 이후의 전쟁에서의 정당성이나 전쟁 이후의 정당성의 원칙들까지 좌지우지할 수 있는 것일까? 정당한 이유 원칙이 나머지 다른 원칙들과는 달리 매우 독립적인 지위를 갖거나 절대적인 지배력을 갖는 것일까? 이러한 문제의식 속에서 우리는 대표적으로 올바른 의도 원칙과 정당한 이유 원칙이 상호보완적으로 작동해야 함을 지적해 보았다.

그러나 비단 올바른 의도 원칙뿐만 아니라 다른 제반 원칙들과 정당한 이유 원칙은 상호보완적으로 해석하고 적용해야 한다. 정의전쟁론의 도덕적 통제는 단지 정당한 이유 원칙에서 종결되는 게 아니라 전 과정에서 지속해서 이루어지는 과제인 것이다.

이와 관련하여 정당한 이유 원칙과 다른 정당한 전쟁 원칙과의 상호보완성에 관해서는 Anthony Coates(2003)를, 정당한 이유 원칙의 절대화를 반성하며 올바른 의도 원칙을 강조하는 내용에 관해서는 Nico Voster(2015)를 참조하기 바란다.

176) 「마태복음」 7장 12절

45) 내가 원하지 않는 바를 남에게 강요하지 말라[177)]

위 인용문 중 44)는 기독교의 황금률이라 불리는 예수의 말씀이고, 45)는 평생 행할 일이 무엇인지 묻는 제자에게 답한 공자의 가르침이다. 이 두 구절이 시·공간상의 큰 차이 속에서 각기 다른 두 성현의 입에서 나온 말이지만, 그 내용은 크게 차이가 나지 않는다는 사실을 알 수 있다. 이 가르침들이 공통으로 말하고 있는 바는 나와 남이 다르지 않다는 점이다.

이 두 성현의 가르침은 도덕의 참된 정신이 어디에서 출발하는지 보여준다. 나와 남의 관계에서 참된 도덕이 성립하려면, '나와 남을 동등하게 고려'하는 데서 출발해야 한다. 자신을 미루어 보면 남도 나와 크게 다르지 않다는 이해에 이를 수 있다. 나와 남은 같은 사람이기 때문이다.

정당한 이유의 절대화는 도덕적 일방주의에서 쉽게 이루어진다. 남이 부족한 만큼 나도 부족하다. 내가 선한 만큼 남도 선하다. 이러한 상호적 인식, 나와 남을 근본적으로 도덕적 차원에서 크게 다르지 않다는 전제 위에서 출발할 때 남에 대한 일방적 도덕, 선과 악의 이분법적 차별 인식에 쉽게 빠지지 않을 수 있게 될 것이다.

177) 『논어』「위령공(衛靈公)」 23.

3-4. 목적-수단 관계의 이중적 문제

전쟁은 목적-수단 관계에서 수단의 지위에 해당한다. 수단은 목적에 의해 정당화된다. 목적-수단 관계에서 목적 [혹은 목적 지위에 있는 사용자]과 수단은 통제와 피통제의 관계를 형성한다. 수단은 더 높은 목적 아래에서 자신의 지위와 존재 의의를 부여받기 때문이다. 그런데 전쟁이 상위의 목적 [클라우제비츠와 맹자는 대표적으로 정치를 꼽았다.]과 맺고 있는 목적-수단 관계에는 이중적인 문제가 존재한다. 그 문제 중 하나는 수단의 차원에 있고, 또 하나는 목적의 차원에 있다.

먼저 수단 차원에서 보면, 이미 3장 1절에서 자세히 다룬 바와 같이, 전쟁 자체가 보통의 수단과 같은 처지에 머물지 않을 위험이 도사린다는 점이 문제다. 클라우제비츠는 절대전쟁 개념을 통해 전쟁이라는 수단이 목적의 통제 아래 고분고분 따르지 않을뿐 아니라 심지어 목적-수단 관계를 전복할 수 있는 무섭고 위험한 존재라는 것을 경고한 바 있다. 전쟁은 수단이지만 다른 수단과 달리 목적까지 삼켜버릴 수 있는 불안정하고 위험한 괴물과 같다. 이것이 목적-수단 관계 속의 이중적 문제 중 하나의 겹(layer)인 수단으로서 전쟁의 문제이다.[178)]

---

178) 수단으로서 전쟁 자체가 갖는 목적과 맺고 있는 관계의 불안정성, 전복의 위험성과 더불어 앞의 1절과 2절에서 정의전쟁론의 가장 큰 의의인 통제의 역할이 역설적으로 통제를 약화시키는 현상을 파생시킬 수 있다는 점도 기억할 필요가 있다. 이는 비록 전쟁 자체가 내재하고 있는 문제를 보여주는 것은 아니지만, 전쟁과 관련하여 초래되는 문제로서 전쟁은 수단이지만, 쉽

목적-수단 관계에서 수단의 문제는 수단인 전쟁 자체가 통제 불가능성을 품고 있다는 데 있다. 그런데 목적에 문제가 있을 수 있다는 것은 어떤 의미일까? 예를 들어 전쟁에 목적을 부여하는 정치가 문제라면? 혹은 전쟁 사용자로서 국가가 의문스럽다면? 즉 전쟁이라는 수단을 정당화해 주는 목적 자체가 수단을 정당화해 줄 근거가 되지 못한다면 어떻게 되는 것일까?[179)]

이와 관련하여 발터 벤야민(Walter Benjamin)의 폭력 비판을 눈여겨볼 필요가 있다.[180)] 그의 주장이 매우 난해하므로 여기서는 우리의 논의의 목적에 맞는 부분만 간략히 소개해 보도록 하겠다.

벤야민에 따르면, 폭력 비판의 과제는 폭력이 법과 정의와 맺는 관계, 즉 모든 법질서의 가장 원초적인 기본 관계인 목적-수단 관계에서 폭력은 목적의 영역이 아니라 수단의 영역에 있다는 점에서 출발해야 한다. 이러한 목적-수단 관계에서 보면, 수단인 폭력은 정당한 목적 또는 부당한 목적을 위한 수단이냐는 물음으로 비판할 수 있다(발터 벤야민 2015, 79-80). 이는 앞서 우리가 살폈던 수단인 폭력을 어떻게 정당화할 수 있는가에 대한 생각과 크게 다르지 않다는 것을 알 수 있다.

그런데 벤야민은 근대국가 성립에서 핵심을 이루는 실정법 체계

게 통제할 수 없는 수단이라는 점을 보여주는 단적인 예이기도 하기 때문이다.

179) 이러한 질문과 관련한 논의로 앞의 각주 157)과 169)를 참고하기 바란다.

180) 비록 그가 말하는 폭력이 전쟁 보다 훨씬 폭넓은 의미이지만,본질적으로 전쟁 또한 폭력이므로 그의 폭력 비판은 전쟁이라는 폭력을 이해하는 데 어느 정도 도움이 되리라 본다.

에 따른 법질서에 초점을 맞추어 논의를 더 깊이 전개해 간다. 실정법 체계 안에서 폭력은 법적으로 승인된 폭력과 승인되지 않은 폭력으로 구분된다(위의 책, 83). 수단의 차원에서 보면, 법에 의한 승인이 해당 수단을 정당화해주는 근거가 된다. 그러나 여기서 한 가지 문제가 있다. 폭력이라는 수단에 정당성을 제공하는 목적으로서의 법이 역사적으로 생성된 결과라는 점이다. 즉 역사적으로 특정 조건에서 법이 성립하고, 그에 따라 폭력이라는 수단도 적법성과 승인을 획득하게 된다(위의 책, 84).

이것이 왜 문제가 될 수 있을까? 이와 관련하여 벤야민의 다음 주장을 살펴보자.

> 46) **전쟁권은 우선 아주 직접적으로, 그리고 강탈적인 폭력으로서** 그것의 목적을 지향한다. 그러나 매우 특이한 점은, [전쟁으로 인한 여러 상황에서] … 중략 … **어떤 평화가 의례적으로 요구된다**는 점이다. 아니 **'평화'라는 말은 그것이 '전쟁'이라는 의미의 상관자로 나타나는 의미에서** … 중략 … **바로 각각의 승리에 대한** 그처럼 선험적이고 모든 여타의 법적 상황과 무관한 **필연적인 승인을 지칭한다. 이때 승인은** … 중략 … **새로운 '법'으로 인정받는다는 의미이다.** … 중략 … **이 전쟁의 폭력에서** … 중략 … 모든 그와 같은 폭력에는 **어떤 법정립적 성격이 내재해 있다.** (위의 책, 89-90)

벤야민은 근대국가의 실정법 체계에 포함된 전쟁권을 통해 자신의 문제의식을 풀어낸다. 왜냐하면 전쟁은 그것의 목적인 법의 순수성을 의심케 하는 단서를 보여주기 때문이다. 벤야민에 따르면,

전쟁은 항상 종결 시에 평화를 선포한다. 그런데 그 평화라는 것은 기실 전쟁을 승리한 자에 대한 어떤 승인을 지칭하는 것일 뿐이다. 즉 전쟁에서 승리한 자가 패배한 자에게 자신의 법칙을 강요하여 관철시키고,[181] 이를 새로운 승인으로 획득하는 것이다. 패자의 입장에서 보면 승자의 전쟁 폭력은 자신들이 굴복할 수밖에 없는 승자의 법을 강요하여 정립하는 폭력이다.

이처럼 특정 역사적 상황에서 성립한 법들은 그 자체가 폭력에 기원을 둔 폭력적인 것이 아닌가 하는 것이 벤야민의 의문 제기이다. 만약 수단인 전쟁 [폭력]의 목적인 [국가의] 법 자체가 이미 폭력으로 인해 성립하는 폭력성을 내재하고 있는 것이라면, 우리가 서두에서 말한 "폭력은 그 목적으로 인해 정당화된다"라는 명제는 어떻게 되는 것일까?

이러한 벤야민의 폭력 비판에 대해 이문영(2014)는 다음과 같이 평가한다.

> 47) **벤야민이 전하고자 했던 메시지**를 한마디로 요약한다면, **'법은 폭력을 정의하고 폭력은 법을 정립한다'**가 될 것이다. … 중략 … **근대적 법질서 속에서 법과 폭력은 분리 불가능한 일체**를 이룬다. (이문영 2014, 336-337)

이처럼 벤야민은 법과 폭력, 정치와 폭력이 내밀한 결탁 속에서 어떻게 서로 지지해주는지 고발하였다. 이는 매우 복잡하고 어려

181) 클라우제비츠가 전쟁에서 양자가 서로의 법칙을 강요한다고 표현했던 것을 기억해 보라.

운 이야기일 수 있지만, 우리가 「2-2-다. 근·현대 정의전쟁론」에서 다루었던, 근대에서 현대로 넘어오면서 전쟁과 관련한 국가의 지위와 권리에 대한 회의가 고개를 들기 시작했다는 점을 떠올리면 좋을 것이다.

정의전쟁론의 입장에서 보면, 수단인 전쟁은 목적에 의해 정당화된다. 그런데 근대국가의 성립과 함께 국가가 전쟁권을 독점함으로써 전쟁의 목적과 이유를 국가가 선택하게 되었다고 말할 수 있다. 그런데 벤야민의 폭력 비판은 그러한 국가가, 그러한 국가의 토대인 법이 폭력[전쟁]의 목적이 될만큼 정의롭지 않을 수 있다는 점, 즉 국가의 정치와 법 자체가 이미 폭력에 연루될 수 있다는 점을 보여준 것이다. 국가 혹은 정치와 법이 이미 그 자체로 정의[선]일 수 없다면, 다시 말해 목적이 의심스럽다면 수단인 폭력을 목적인 법에 기댄 적법성으로 그 승인과 권리를 허락하는 것은 매우 의문스러운 일이 되지 않을 수 없는 것이다.

이런 점에서 맹자가 전쟁을 논하며 정치의 복원을 외친 것이 재평가되어야 할 것 같다. 전쟁 이전에 정치를 선하고 정의롭게 세우는 것이 보다 근원적인 해법이 될 것이기 때문이다. 수단으로서 전쟁은 목적인 법, 혹은 국가, 혹은 그보다 더 상위의 것이 있다면 그것에 의해서 정당화될 것이기 때문이다.

Ⅲ부

두 번째 공부를 마무리하며

1장

더 생각할 문제들

지금까지 우리는 맹자의 의전 개념을 자세하게 분석하고, 맹자의 의전이 전쟁과 윤리의 관계라는 테제 안에서 중요한 의의를 가진다는 점에 착안하여 서구 지적 전통에서 발전해온 정의전쟁론을 살펴보았다. 이를 통해 맹자의 의전이 정의전쟁론과 어떤 유사점과 차별점이 있는지, 또 전쟁을 윤리와의 관계 속에서 조명할 때 어떤 딜레마와 어려운 점이 있는지 알아보았다. 이제 마무리로 더 생각할 문제들을 몇 가지 언급하고자 한다.

첫째, 맹자와 클라우제비츠 사이에서

우리는 시리즈 1권에서 클라우제비츠를 공부했고, 이번 두 번째 책에서는 맹자를 공부했다. 두 인물의 전쟁 개념은 비슷한 면도 있지만, 대체로 크게 다르다. 특히 그 접근방식과 지향점에서 뚜렷한 차이를 갖는다. 클라우제비츠와 맹자의 전쟁 개념은 상호보완적일까? 상호배타적일까?

그렇다면 당신이 가지고 있는 전쟁 개념은 어떤 이의 전쟁 개념에 가까운가? 당신도 내 제자들과 같이 클라우제비츠의 것을 따르고 있는가? 당신의 전쟁에 대한 앎에는 맹자의 전쟁 개념에서 고민한 내용들이 얼마나 포함되어 있는가? 클라우제비츠를 지지하면 맹자의 전쟁 개념을 배제해야 할까? 그 반대의 경우도 마찬가지일까?

우리는 두 사람을 공부하면서 어느 쪽이 맞고 어느 쪽이 틀린지 가리려는 게 아니다. 전쟁이라는 개념이 너무 큰 탓에 전쟁은 클라우제비츠의 눈으로 보이는 모습도 있고, 맹자의 시선으로 볼 수 있는 모습도 있다. 중요한 것은 어느 하나의 시각만으로 전쟁을 단순화하지는 말자는 게 나의 주장이다. 왜냐하면 삶과 세계는 단일한 겹(layer)이 아니기 때문이다. 너무나 모순적이고 역설적인 것들이 중층을 이루고 있기에 그만큼 우리를 어렵게 한다. 전쟁도 마찬가지다.

클라우제비츠와 맹자는 많이 다르지만, 전쟁이라는 큰 울타리 안에 두 사람이 모두 들어와 있다. 클라우제비츠의 고민도 의미 있고 맹자의 사유도 중요하다. 무엇보다 우리 논의의 출발점을 떠올려 보면, 우리는 전쟁을 극복의 대상으로 평화를 도달해야 할 이상으로 가정했었다. 우리는 분명 시궁창 같은 현실에서 냉혹한 현실주의적 시각에 따라 클라우제비츠의 전쟁 개념을 도외시할 수 없지만, 인류 문명의 진보라는 거대한 발걸음 속에서 미래적으로 인류가 바람직한 선택으로 전쟁을 통제하고 다스려 나가는 모습을 그려보지 않을 수 없다. 그러므로 우리의 두 발은 전쟁의 참혹한 본질을 잊지 않는 현실을 딛고 있으면서, 우리의 두 눈은 그러한 전쟁을 극복하는 이상을 향해 있어야 할 것이다.

둘째, 인간 이해와 전쟁[182)]

전쟁의 원인을 탐구하는 부분에서 인간 본성론은 중요한 한 축을 차지한다. 인간관의 차이는 전쟁관의 차이와 무관하지 않다. 우리가 살펴본 바와 같이 홉스와 같이 인간의 자연상태를 만인 대 만인의 투쟁 상태로 보고 전쟁을 바라보는 것과 맹자와 같이 인간의 본연 상태를 선한 모습으로 보고 전쟁을 대하는 것이 같을 리는 없다.

자연상태의 인간 이해는 인간 본성을 선하게 보느냐 악하게 보느냐 문제 이전에 인간 존재를 개체와 개인으로 바라보는 데에 차별점이 있다. 이는 서구 근대적 사유에서 인간을 제일공리로서 의심할 수 없는 자명한 주체로 확인한 것과도 무관해 보이지 않는다. 개인이 이성의 주체이든, 욕망의 주체이든 주체의 자명성은 상대적으로 자명하지 않은 객체와 타자를 수단화하거나 주변화할 개연성을 갖게 된다.[183)] 홉스가 말한 바와 같이, 나와 너가 평등하다고 할 때에도 양자는 자기 본위의 경쟁에 빠지게 된다(토마스 홉스 2016, 168-171). 따라서 개인, 주체를 중시한 서구 철학에서 자유 개념은 필연적으로 요청되는 것이지만,[184)] 역사적으로 자유는 쟁

---

182) 이 부분은 조은영(2021)에서 다룬 내용을 수정·보완하여 실은 것이다(조은영 2021, 175-178).

183) 이마무라 히토시(今村 仁 | 1999)는 서구 근대성이 구조적으로 차별과 배제의 구조를 생산한다고 비판한다. 그러한 구조를 낳는 중요한 내용 중 하나로 개체와 개인의 형성을 꼽는다.

취의 대상으로 인식된다.185) 클라우제비츠가 전쟁을 '확대된 양자 결투'라고 할 때의 양자는 서로 양보할 수 없는 동등한 전쟁 주체로서 상정한 것이라고 보아도 무방할 것으로 보인다.

반면 유학의 인간, 좀 더 좁혀서 맹자의 인간은 인의라는 선함을 본성으로 한다. 인간의 본연 상태는 이러한 선한 본성을 잘 발현할 수 있는 상태로서 홉스 식의 자연상태와 다르다. 또 인간의 본성의 핵심을 이루는 '인(仁)'은 두 사람(二+人)을 뜻하는 [각주 99) 참조], 즉 인간의 관계 중심적 존재성을 의미한다는 점도 서구적 개체로서의 인간 혹은 주체와 차별화된다.

이와 같은 인간 이해의 차이가 맹자만의 의전 개념을 차별적으로 형성하는 저변의 토대가 되었음은 분명하다. 이렇게 우리가 인간을 어떻게 이해하느냐에 따라 전쟁에 대한 개념이 달라진다면, 우리는 우리의 인간 이해에 대해 더 깊은 연구와 고민이 필요한 게 아닐까?

위와 같은 전쟁과 관련한 인간 이해라는 과제에서, 먼저 우리 전통의 유학사상을 깊이 있게 연구할 필요가 있다고 본다. 공맹 이후

---

184) 강영안은 레비나스의 타자 윤리의 관점에서 평화를 논하면서 전통적인 서구의 자유와 책임 관념을 비판한다. 그는 "자유의 확보는 인간의 존재동일성과 독립성의 실현이고, 서양의 고전적인 평화관은 각 개개인의 자유를 보장하고 이것을 바탕으로 평화를 추구"하는 것이라고 본다. 그러나 이러한 철학은 자아 존재를 보존하려는 자기 중심주의 또는 이기주의를 함유하게 되어 타자와의 평화에 이를 수 없게 되었다고 지적한다(강영안 1995, 221-225).

185) 지그문트 바우만(Zygmunt Bauman | 2011)은 서양 역사에서 자유는 하나의 특권 개념으로서 본질적으로 사회적 차이를 뜻하며, 이는 지배와 피지배, 권력과 예속 등의 사회적 관계에서 형성된다고 보았다.

의 유학, 그중에서도 성리학은 인간성에 대한 장기간의 탐구를 이어갔다. 대중에게는 널리 알려진 사실은 아니지만, 특히 한국성리학에서는 인간의 정신에 대한 촘촘한 연구가 수행되었다. 16세기 퇴계와 율곡은 사단칠정(四端七情) 논쟁이라 하여 인간의 정감에 대한 연구를 수행하였다. 18세기를 전후하여 호론(湖論)과 낙론(洛論)으로 나뉘는 두 사상 진영은 맹자가 논했던 고자와의 인성과 물성의 차이를 성리학적으로 재해석하며 장기간의 논쟁을 이어갔다. 이른바 인물성동이(人物性同異) 논쟁이라는 불리는 사상적 논쟁이 그것이다. 그리고 19세기에는 마음의 존재론적 위상과 역할에 대한 심설(心說) 논쟁이라 불리는 연구가 이어졌다. 이를 통해 성리학에서 말하는 인간 정신 구조의 3가지 차원, 즉 심·성·정(心·性·情)에 대하여 밀도 높은 탐구가 수행된 것이다.[186] 이러한 우리 전통에서 이어져 온 인간에 대한 깊이 있는 연구들은 우리가 과제로 삼은 전쟁 속 인간에 대해 어떤 이해와 통찰을 제공해 줄까?

인간 이해의 과제는 다만 전쟁을 이해하기 위한 과정의 일부로 그치지 않고, 궁극적으로 전쟁에 대한 해법이 될 것이라는 점에서도 중요하다. 이와 관련하여 1차 세계대전이 끝난 후 1932년 국제연맹의 주선으로 아인슈타인과 편지로 전쟁에 관해 생각을 나눈 프로이트의 다음 글을 보자.

186) 해당 각 논의들을 여기서 다룰 사안은 아니기에 여기서는 소개에 그친다. 다만, 우리 전통 속에서 인간성을 이해하고자 한 노력이 매우 오랫동안 쌓여 중요한 유산으로 남아 있다는 점을 강조하고 싶다.

48) **인간에게서 공격적인 성질을 없앤다는 것은 가능할 것 같지 않다.** … 중략 … [그러나] **문화 발전이 인간의 마음 상태에 변화를 일으킨다는 것은 너무나 분명**해서 누구나 바로 알아차립니다. … 중략 … 문화 발전이 인간에게 강요한 이런 마음. 이만큼 전쟁이라는 것과 대립하는 것은 없습니다. … 중략 … **문화 발전이 낳은 마음**, 장래의 전쟁이 가져올 터무니없는 참화에 대한 불안, 이 두 가지가 가까운 장래에 전쟁을 없애는 방향으로 인간을 움직여 갈 거라고 기대할 수 있지 않을까요? 이것은 유토피아적 희망이 아니라고 생각합니다. 어떤 길을 거쳐, 혹은 어떤 길을 돌아 전쟁이 사라져갈 것인가. 그것을 추측할 수는 없습니다. 그러나 이렇게 말할 수는 있을 것입니다. **문화 발전을 재촉하면 전쟁의 종언을 향한 걸음을 내디딜 수 있다.** (톨스토이 외 2013, 200-208)

위 프로이트의 답신에서는 인간성에 대한 2가지 차원이 소개된다. 하나는 공격성으로 대표되는 자연적인 성향이고, 다른 하나는 그와 대립하는 문화 발전으로 인해 갖게 되는 문화적인 성향이다. 프로이트에 따르면, 근원적으로 전자는 타나토스(Thanatos), 후자는 에로스(Eros)라는 인간의 원초적인 충동에서 연원한다. 인간의 공격성과 그로 인한 전쟁은 자연세계의 규칙에 부합하지만, 인간의 문화적 발전은 그와는 다른 방향의 변화를 이끈다. 따라서 인간이 전쟁을 극복하기 위한 근원적인 해결책은 인간성 안에서 문화 발전으로 계발할 수 있는 공존과 협력의 마음을 더욱 진작하는 데 있다.

비록 프로이트의 사상적 지향이나 논의의 토대가 유학과는 판이

하게 다르지만, 그 결론에 이르러 인간성 안에서 상호 공존과 공영의 근거를 찾는 것은 다르지 않다. 즉 인간이 전쟁을 극복하려면 결국 인간 스스로가 자신을 극복하는 데서 출발해야 한다. 지금까지 자신 밖의 대상세계를 첨단 과학기술로 크게 발전시켜 왔다면, 앞으로는 자신 안의 생각과 마음을 대상으로 인류 공영의 사상과 가치를 발전시키는 게 인류 문명의 과제가 아닐까? 2000년 전의 맹자의 외침이 현대의 프로이트에게서 공명되는 것은 참으로 의미심장하다고 하지 않을 수 없다.

셋째, 정치와 전쟁의 관계

클라우제비츠나 맹자의 전쟁 논의에서 정치와 전쟁은 목적-수단 관계로 맺어져 있다. 전쟁이 수단으로서 목적인 정치와 분리 할 수 없는 관계라는 점은 매우 자명해 보이지만, II부 3장 4절에서 살펴보았듯이 그 속을 파헤치면 마치 뜨거운 감자와 같이 어찌할지 몰라 속태우는 어려운 문제가 있다는 사실이 드러난다. 따라서 전쟁은 정치의 수단이라고 단순히 말하고 정리하기에는 그 속에 많은 사정이 있다는 점을 간과해서는 안 된다.

만약 그 속사정을 간과하고 정치와 전쟁을 목적과 수단의 투명한 관계로 단순화해서 본다면, 그것은 근대 서구의 국제정치와 전쟁에 관한 인식틀을 무비판적으로 수용하게 되는 꼴이다. 다키 고지(多木 浩二)에 따르면, 정치와 전쟁을 긴밀한 목적과 수단 관계로 연결지어 합목적화·합법화한 클라우제비츠의 사고가 근대적 전쟁 패러다임의 요체이다. 폭력을 독점한 근대 국가체제는 법에 의해 폭력을 군사제도로서 국가기구에 편입시켜 전쟁 폭력을 승인된 폭력으로 합법화한다. 전쟁은 정치의 수단으로서 국가 간 관계에서 당연히 일어날 수 있는 정치행위가 되는 것이다(다키 고지 2001, 15-31).

그러나 우리가 정의전쟁론 역사에서 살펴본 바와 같이 전쟁이 정치의 '선택' 수단으로 조명받기 이전에는 정치의 도덕성 혹은 규범성의 관점에서 인정되는 부득이한 '필요'에 의해서만 정당화될 수 있었다. 따라서 정치와 전쟁의 관계를 목적-수단 관계로 본다고 할 때 그것이 근대적 의미에서 수단 차원에서뿐 아니라 목적 차원에서도 문제가 될 수 있다는 점을 기억하고, 이 불안정한 관계를 어떻게 건전하게 유지할지 고민해야 한다.

따라서 맹자가 보다 근본적으로 정치체제를 문제 삼은 것이 오늘날에도 의미 있는 시사점을 준다고 본다. 수단 자체의 문제 이전에 그를 사용하는 목적을 살피는 것이 순서상 옳기 때문이다. 맹자가 말하는 왕도정치를 현재에 그대로 실현할 수는 없겠지만, 자기만 남는 이기적 폭력이 아닌 모든 이가 더불어 함께 하는 사랑과 정의의 정치를 회복한다는 왕도정치의 철학은 오늘날에도 절실하게 요청되는 게 아닐까?

넷째, 어떤 전쟁에서 어떤 승리로

끝으로 정의전쟁론의 주된 고민을 '어떤 전쟁'에서 '어떤 승리'로 재검토해 보자는 견해를 소개하는 것으로 더 생각할 문제를 마무리하려 한다.

오드리스콜(Cian O'Driscoll)은 그리스 시대의 정의전쟁 관념에서 오늘날 우리가 주목해야 할 것으로 승리에 대한 특정 개념을 꼽는다. 오드리스콜에 따르면, 그리스인들은 전쟁의 정당성, 전쟁에서의 정당성, 전쟁 이후의 정당성을 '승리'를 함수로 하여 하나로 통합했다. 그는 다음과 같이 말한다.

> [그리스인들의 승리에 관한] 이 개념은 그리스인들이 전쟁의 시작, 수행, 종결에 대해 어떻게 생각하는지를 규정했다. 이 개념에 따르면 **교전자가 전쟁을 올바르게 시작하지 않거나, 모호한 수단으로 전쟁을 수행하거나, 전쟁을 종결할 때 적절한 절차를 준수하지 않으면 전쟁에서 얻은 승리의 지위가 심각하게 훼손될 수 있었다**. (Cian O'Driscoll 2015, 8)

전통적인 정의전쟁 논의의 중심에는 해당 전쟁이 '어떤 전쟁인가?'라는 물음이 있다. 그런데 앞에서도 보았듯이, 어떤 전쟁인지에 대한 판단 과정은 전쟁의 통제에서 벗어나 정당화의 도구로 전락할 수 있는 위험을 내재한다. 정의전쟁론을 도구로 사용하고자 하는 이들은 '어떤 전쟁'인지 검증만 받으면 당당하게 전쟁을 수행하게 된다. 그리고 겉으로 내세웠던 정당한 이유와는 다른 결과를 승리로서 쟁취하고자 한다. 그들은 애초에 정당한 목적을 이루려는 의도가 아니라 정당한 이유를 발판 삼아 승리로서 쟁취하려는 다른 것이 있고, 그것이 진짜 목적이 된다. 공리주의적 셈법에 의존한다면, 이들은 승리의 결과로 이전의 과정을 도덕적으로 정당화할 수도 있을 것이다. 그러나 그리스인들은 그러한 똑똑한 계산보다는 더러운 승리를 거부하는 방식을 취하였다.

위 인용문에서 보듯, 오드리스콜은 그리스인들이 '어떤 전쟁'인지 보다 '어떤 승리'인지 묻는다고 강조한다. 이는 전쟁의 시작에서 판단하는 것이 아니라, 전쟁의 마지막에서 전쟁 전체를 재판단하는 것에 가깝다. 전쟁을 수행하여 승리한 이의 승리가 정당한 이유, 정당한 방법과 수단, 정당한 전후 처리로 이루어진 것이 아니라면, 그 승리는 부당한 것으로 심판받는 것이다. 결국 '어떤 승리'인지 묻는 것은, 앞서도 언급했던, 정의전쟁론의 3가지 차원이 시종일관 제대로 도덕적 영향력을 행사할 수 있게 하는 또 다른 접근법이라고 할 것이다.

오드리스콜의 조언대로 전쟁에서 승리한다는 것은 무엇을 의미하는지, 전쟁의 승리를 평화의 승리, 즉 정의로운 승리로 전환할 수 있는지 질문하고 논의하는 것이 오늘날 정의전쟁론의 내적 딜레마를 극복하고 보완하는 또 다른 과제가 될 것이다.

2장

당신에게 전쟁이란 무엇인가?

시리즈 1권의 마지막도 "당신에게 전쟁이란 무엇인가?"라는 질문이었다. 우리 전쟁 공부의 화두가 "전쟁이란 무엇인가?"이기 때문에 어쩌면 당연한 마무리라 해야겠다. 그런데 이번 질문은 시리즈 1권 때와 그 속내에 있어 같은 질문은 아니다. 왜 그런가?

시리즈 1권에서 우리는 클라우제비츠의 전쟁을 공부했다. 클라우제비츠는 전쟁의 안으로 들어가 그 안에서 우리와 적의 적대 관계, 그 양자의 상호작용, 그리고 폭력 행동이라는 3가지 요소를 추출해 내었다. 하지만, 이번 책에서 우리가 살펴본 맹자의 의전은 클라우제비츠와 같이 전쟁이 개념적으로 어떤 내용으로 구성되는지에 대한 논의는 별로 없다. 직·간접적으로 일부 폭력 행동, 적대적 관계 등에 대한 생각이 발견되지 않는 것은 아니지만, 클라우제비츠와 같이 전쟁 개념을 쪼개고 들어가 그 안에 무엇이 들었는지 샅샅이 들추지는 않는다. 오히려 맹자의 의전론은, 크게 보면 정의 전쟁론은, 전쟁 밖으로 나간다.

클라우제비츠가 "전쟁이 무엇이지?"하며 전쟁을 째고 헤집어 그

안을 해부하였다면, 맹자는 전쟁 밖에 서서 그러한 "전쟁을 어떻게 해야 하지?"라며 전쟁에 대해 판단한다. 전쟁에 대한 아무런 판단을 하지 않거나 [현실주의] 이미 모든 심판이 끝나 전쟁 자체를 거부하거나 [평화주의] 하지 않는다. 인간 사회에서 전쟁과 같은 폭력이 필요하고 요청될 때가 있음을 부인하지 않으면서, 전쟁을 더 큰 목적을 위한 수단으로서 불가피하게 사용할 수 있다고 본다. 그와 같은 '필요'와 '요청', '불가피성'은 도덕적인 심판을 견뎌내고 도달하는 신중한 결과이어야 한다. 따라서 맹자에게, 더 크게 보면 정의전쟁론자에게, 중요한 질문은 "전쟁을 어떻게 볼 것인가?"와 같은 전쟁에 대한 근본적 태도, 그리고 "전쟁을 어떻게 정당하게 사용할 것인가?"와 같은 도덕적으로 더 큰 목적에 부합한 내용과 방식으로 제한된 전쟁의 모습에 대한 질문이 된다.

그렇다고 "전쟁이란 무엇인가?"라는 질문이 맹자나 정의전쟁론자에게 적당하지 않은 질문이라고 생각해야 할까? "전쟁이란 무엇인가?"라는 질문은 단순히 전쟁 안만 묻는 질문으로 볼 필요는 없다. 클라우제비츠가 전쟁을 단순히 적대관계와 상호작용과 폭력행동이라는 3가지 요소만으로 국한하여 이해하지 않았던 것을 기억해 보라. 클라우제비츠는 "전쟁이란 무엇인가?"라는 물음으로 시작한 『전쟁론』 1편 1장의 말미에 다다라 「이론의 결과」라는 제목으로 전쟁의 3중성에 대해 설명한다. 주로 정부와 관계된 정치에의 종속성, 주로 최고 지휘관과 군대에 연결된 개연성과 우연, 그리고 주로 인민과 맺어지는 폭력성이 그것이다. 이러한 3중성의 상호관계 속에서 그는 전쟁이 얼마나 카멜레온 같은 것인지 강조한다. 이는 앞서 말한 전쟁 내부의 3요소에 머물지 않고, 정치와 인민과 같은 전쟁 외부와의 영역까지 포함하는 개념으로 전쟁 개념을 확장한 것이다.

클라우제비츠가 통찰한 대로 전쟁은 전쟁 외부의 더 큰 사회와의 관계 속에서 이해해야 하는 사회적 현상이다. 따라서 "전쟁이란 무엇인가?"라는 질문은 전쟁 안에 대한 질문일 뿐 아니라 전쟁 밖에서 전쟁과 긴밀하게 연결되어 있는 다양한 사회적 주체와 요소들을 포함하여 전쟁을 어떻게 이해해야 하는지 묻는 질문으로도 이해할 수 있는 것이다.

요약하면, 우리는 전쟁을 그 자체의 안으로 들어가서 속속들이 들여다보기도 해야 하지만, 전쟁을 그 밖에서 다른 것들과의 관계 속에서 어떠한지, 또한 전쟁보다 더 넓은 지평에서 전쟁을 어떻게 보고 어떻게 대해야 할지 숙고해 보아야 하는 것이다. 맹자와 정의 전쟁론자들은 전쟁 밖에서 전쟁을 판단하고자 한다. 전쟁 보다 더 넓고 더 높은 곳이 있고 그것들 아래에 전쟁이 놓여 있다고 믿기 때문에 전쟁을 판단하고자 하는 것이다. 인류 사회의 목적을 하나로 일치해서 말하기는 쉽지 않겠지만, 전쟁이 인류 사회의 목적이 될 수는 없다는 것은 어렵지 않게 말할 수 있다.

이제 다시 한번 독자들이 쪽지시험을 볼 때가 되었다. 당신에게 전쟁이란 무엇인가? 전쟁의 안이 아닌 전쟁의 밖에서 볼 때 전쟁이란 무엇인가? 클라우제비츠와는 다른 입장에서 맹자는, 그리고 정의전쟁론자들은 당신의 전쟁에 대한 기존 이해에 어떤 도전을 해 오는가? 특히 맹자와 정의전쟁론자들에게서 발견되는 "우리가 전쟁을 어떻게 통제할 것인가?"라는 물음에 대해 당신의 답은 무엇인가?

온갖 첨단 전자통신 미디어가 실시간으로 정보를 확산시키는 시대에 우리는 프로파간다에 속지 않고 전쟁을 도덕적으로 제대로 심판할 수 있을까? 원자탄이나 각종 생화학 무기, 초고도 정밀 파괴무기 등이 개발되어 운용되고 있는 현대전에서, 말 그대로 폭력이 절대에 가까워진 지금 시대에 전쟁을 통제한다는 발상 자체가 인간의 오만을 보여주는 것은 아닐까? 인간의 어리석음은 언제라도 전쟁이라는 가스불을 터뜨릴지도 모른다. 그러나 전쟁을 제대로 통제할 가능성이 희박하다고 해서 아무것도 하지 않고 포기할 수는 없다.

내가 기억하는 영화의 한 장면을 이야기하는 것으로 끝을 맺어야 할 듯싶다. 영화 『암살』에서 독립운동가 안옥윤 [전지현 분]은 광복 후 신분을 속이고 처형을 피한 친일파이자 동지들의 배신자인 염석진 [이정재 분]을 끝까지 찾아가 결국 사살한다. 이 임무를 수행한 안옥윤의 명대사가 있다. 염석진 같은 친일파 몇 명 죽인다고 독립이 되겠느냐는 질문에 그녀는 이렇게 말한다.

> "모르지.
> 그치만 알려줘야지.
> 우린 계속 싸우고 있다고..." (최동훈 2015)

인류 진보 역사는 당대에는 불가능하다는 것을 뛰어넘어온 역사이다. 과연 100년 전에 신분제가 철폐될 것을 기대할 수 있었을까? 지금과 같은 손 안의 컴퓨터, 사람을 능가하는 알파고 같은 AI가 만들어지리라 상상할 수 있었을까? 지금도 안옥윤같이 묵묵히 싸우는 이들이 있다면, 우리가 기대하지 못하고 상상하지 못하는 또 다른 진보도 이루어내지 않을까? 평화가 인류의 과제라면, 전쟁 통제에 관한 우리의 노력은 멈추지 않고 이어가야 할 것이다. 전쟁을 통제하는 것을 넘어 극복하는 데에 이르기까지.

참고문헌

□ 도서류 □

『논어(論語)』

『대학(大學)』

『맹자(孟子)』

『맹자요의(孟子要義)』

『서경(書經)』

『설문해자(說文解字)』

『시경(詩經)』

『이아(爾雅)』

『중용(中庸)』

국방부, 『전쟁법 해설서』, 국군인쇄창, 2010.

김경국·박상택 역주, 『맹자집주 비지(1)』, 전남대학교출판부, 2015.

김경일, 『공자가 죽어야 나라가 산다』, 바다출판사, 1999.

다키 고지, 지명관 옮김, 『전쟁론』, 소화, 2001.

마르틴 하이데거, 이기상 옮김, 『존재와 시간』, 까치, 2005.

마이클 월저, 권영근·김덕현·이석구 옮김, 『마르스의 두 얼굴: 전쟁한 전쟁·부당한 전쟁』, 연경문화사, 2007.

브렛 보든, 박배형 옮김, 『문명과 전쟁』, 서울대학교출판문화원, 2017.

빌헬름 얀센, 권선형 옮김, 『코젤렉의 개념사 사전 4: 전쟁』, 푸른역사, 2016a.

__________, 한상희 옮김, 『코젤렉의 개념사 사전 5: 평화』, 푸른역사, 2016b.

성백효, 『현토완역 맹자집주』, 전통문화연구회, 1993.
아리스토텔레스, 강상진 외 옮김, 「니코마스트 윤리학」, 도서출판길, 2021.
____________, 천병희 옮김, 「정치학」, 도서출판숲, 2014.
아브라함 헤셸, 김순현 옮김, 『안식』, 복 있는 사람, 2007.
아우구스티누스, 성염 옮김, 『신국론 3』, 분도출판사, 2018.
아자 가트, 『문명과 전쟁』, 교유서가, 2017.
안외순, 『정치, 함께 살다』, 글항아리, 2016.
원보신, 황갑연 옮김, 『맹자의 삼변철학』, 서광사, 2012.
유교문화연구소, 『맹자』, 성균관대학교출판부, 2008.
이리에 아카라, 조진구·이종국 옮김, 『20세기의 전쟁과 평화』, 연암서가, 2016.
이마무라 히토시, 이수정 옮김, 『근대성의 구조』, 민음사, 1999.
이춘식, 『중국사서설』, 교보문고, 2005.
정수복, 『한국인의 문화적 문법』, 생각의 나무, 2007.
정약용, 이지형 역주, 『역주 맹자요의(孟子要義)』, 현대실학사, 1994.
________________, 『역주 논어고금주(論語古今註)』, 사암, 2010.
조승옥 외, 『군대윤리: 군직업윤리』, 경희종합출판사, 1996.
________, 『군대윤리: 전쟁도덕과 군직업윤리』, 도서출판 봉명, 1998.
________, 『군대윤리』, 봉명출판사, 2008.
________, 『군대윤리』, 지문당, 2013.
조은영, 『전쟁을 공부하다 1: 『전쟁론』 편』, 집문당, 2024.
조은영 외, 『사례 중심 군대윤리』, 집문당, 2017.
존 베일리스 외, 하영선 옮김, 『세계정치론』, 을유출판사, 2021.
지그문트 바우만, 문성원 옮김, 『자유』, 이후, 2011.
최병철, 『공자가 살아야 나라가 산다』, 시아출판사, 1999.
클라우제비츠, 김만수 옮김, 『전쟁론』, 갈무리, 2021.
토마스 홉스, 진석용 옮김, 『리바이어던 1』, 나남, 2016.

톨스토이 외, 이시언 편역, 『어떻게 전쟁을 끝낼 것인가』, 해례원, 2013.
파스칼 피크 외, 배영란 옮김, 『인간이란 무엇인가』, 알마, 2012.
페르디낭 드 소쉬르, 최승언 옮김, 『일반언어학 강의』, 민음사, 2007.
프레데리크 그로, 하보미 옮김, 『왜 전쟁인가?』, 책세상, 2024.
플라톤, 박종현 역주, 『국가·政體』, 서광사, 2012.
하영삼, 『완역 설문해자 8』, 도서출판3, 2022.
한나 아렌트, 김정한 옮김, 『폭력의 세기』, 이후, 1999.
한병철, 『폭력의 위상학』, 김영사, 2020.
후지타 히사카즈, 박배근 옮김, 『전쟁 범죄란 무엇인가』, 산지니, 2017.
E. H. 카, 김택현 옮김, 『역사란 무엇인가』, 까치글방, 2015.
F. H. Russell, *The Just War in the Middle Ages*, Cambridge University Press, 1977.
Heraclitus, Charles H. Kahn Trans, *The Art and Thought of Heraclitus*, Cambridge University Press, 1981.
J. 랑간, 문시영 옮김,『아우구스티누스의 윤리학』, 서광사, 1998.
Michael Walzer, *Just and Unjust Wars: A Moral Argument with Historical Illustrations* (5th ed.), Basic Books, 2015.
Stephen Coleman, *Military Ethics*, Oxford university Press, 2013.

□ 논문, 연구보고서 및 기사 □

강영안, 「레비나스의 '평화의 형이상학'」, 서강대학교 철학연구소 편, 『평화의 철학』, 철학과현실사, 1995.
기세찬, 「전국시대의 전쟁 양상과 그 군사사상」, 『국방연구』 제60권 제3호, 국방대학교 안보문제연구소, 2017.
김대한·조은영·김상수, 「현대 정의전쟁론에서 비전투원 보호의 원리에 대한 비판적 고찰: 책임-기반의 설명을 중심으로」, 『윤리학』 제13권 제1호, 2024.

김상수·조은영·김대한, 「현대 정의전쟁론에 대한 비판적 고찰」, 육군사관학교 화랑대연구소, 2023.

김성인, 「고자의 인성론에 대한 주자의 인식 고찰」, 『태동고전연구』 제41집, 한림대학교 태동고전연구소, 2018.

김홍경, 「유교 자본주의론의 형성과 전개」, 『동아시아 문화와 사상』 제2호, 동아시아문화포럼, 1999.

발터 벤야민, 최성만 옮김, 「폭력 비판을 위하여」, 『발터 벤야민 선집 5』, 도서출판길, 2015.

안외순, 「전쟁과 평화에 대한 맹자의 인식」, 『동양고전연구』 제46집, 동양고전학회, 2012.

유영옥, 「'제벌연지사(齊伐燕之事)'를 통해 본 맹자의 의전」, 『대동문화연구』 제89집, 성균관대학교 대동문화연구원, 2015.

윤원현, 「유교 자본주의 담론에 대한 비판적 검토」, 『동양철학』 제21집, 한국동양철학회, 2004.

윤지원, 「선진유가 전쟁관에 대한 소고」, 『유교사상문화연구』 제74집, 한국유교학회, 2018.

이문영, 「폭력 개념에 대한 고찰: 갈퉁, 벤야민, 아렌트, 지젝을 중심으로」, 『역사비평』 제106호, 역사비평사, 2014.

이순미, 「『맹자』의 의전(義戰)과 무의전(無義戰) 연구」, 『동양철학연구』 제110집, 동양철학연구회, 2022.

이주강, 「맹자·퇴계의 반전론과 효종의 의전론」, 『퇴계학논집』 제15호, 영남퇴계학연구원, 2014.

이희주, 「논어·맹자에 나타난 무(武)의 정신: 방(放)·정(征)·벌(伐)의 개념을 중심으로」, 『한국동양정치사상사연구』 제10권 2호, 한국동양정치사상사학회, 2011.

조은영, 「다산사상(茶山思想) 형성의 이론적 배경과 체계에 대한 연구」, 성균대학교 대학원 박사논문, 2012.

______, 「율곡의 국방사상」, 『율곡학연구』 제30권, 율곡학회, 2015.

______, 「유가 전쟁관에 관한 연구 동향과 과제」, 『유교사상문화연구』 제84집, 한국유교학회, 2021.

______, 「맹자(孟子)의 전쟁 개념 고찰」, 『동양철학』 제114집, 동양철학연구회, 2023a.

______, 「전쟁을 통해 본 적대와 환대: 맹자(孟子)의 의전(義戰)을 중심으로」, 『동양철학』 제116집, 동양철학연구회, 2023b.

Adriaan Lanni, "The Laws of War in Ancient Greece", *Law and History Review*, Vol.26, No. 3, 2008.

Anthony Coates, "Just War", Richard Bellamy & Andrew Mason Ed., *Political Concepts*, Manchester University Press, 2003.

Cian O'Driscoll, "Rewriting the Just War Tradition: Just War in Classical Greek Political Thought and Practice", *International Studies Quarterly*, Vol. 59, No. 1, Oxford University Press, 2015.

G.I.A.D. Draper, "The Origins of the Just War Tradition", *New Blackfriars*, Vol. 46, No. 533, Wiley, 1964.

Máire O'Dwyer, "CÁIN ADOMNÁIN, 697: THE IRISH 'GENEVA CONVENTION'", History Ireland, Vol. 23, No.1, 2015.

Nicholas Rengger, "On the Just War Tradition in the Twenty-First Century", *International Affairs*, Vol. 78, No. 2, 2002.

Nico Vorster, "Just War and Virtue: Revisiting Augustine and Thomas Aquinas", *South African Journal of Philosophy*, Vol, 34, Issue 1, 2015.

Peter Lorge, "Discovering War in Chinese History", *War in Perspective: History and Military Culture in China*, Presses Universitaires de Vincennes, 2014.

Robert Goczal, "Historical Outline of Just War Theory and Its Fundamental Assumptions in Medieval and Late Renaissance Thought(St. Augustine of Hippo, St. Thomas Aquinas, Francis Suarez, St. Robert Bellarmine)", *Quaestiones Medii Aevi Novae*, Vol. 27, 2022.

Rory Cox, "The Ethics of War up to Thomas Aquinas", Seth Lazar & Helen Frowe (Eds), *The Oxford Handbook of Ethics of War* (pp. 99-121), Oxford university Press, 2018.

Spindler Zsolt, "Just war Therories from Jus ad Bellum to Jus post Bellum", *Kazan University Law Review*, Vol. 4, 2019.

Stanley Windass, "Saint Augusitne and the Just War", *Blackfriars*, Vol. 43, No. 509, 1962.

Thornton Lockwood, "Cicero's Philosophy of Just War", Andree Hahmann & Michael Wazquez(Ed.), *Cicero as Philosopher: New Perspective on His Philosophy and Its Legacy*, Walter de Gruyter GmbH & CoKG, 2025.

□ 웹사이트 □

국립국어원, 『표준국어대사전』 인터넷판, 국립국어원, 2024.
(출처: https://stdict. korean.go.kr/main/main.do)

네이버, 『네이버 한자사전』, 2024.
(출처: https://hanja.dict. naver.com/#/main)

대한성서공회, 『성경전서 (개역개정)』, 대한성서공회, 2024.
(출처: https://www.bskorea.or.kr/bible/korbibReadpage.php)

정아람, "[이 한마디] "우리가 돈이 없지, 가오가 없냐?"", 『중앙일보』 인터넷판, 2015.
(출처: https://www.joongang.co.kr/article/18603452)

한국학 중앙연구원, 『한국민족 문화 대백과사전』 인터넷판, 2025.
(출처: https://encykorea.aks.ac.kr/)

Douglas Harper, *Online Etymology Dictionary*, 2025.
(출처: https://www.etymonline.com/word/philosophy)

Máire O'Dwyer, "Cáin Adomnáin, 697: the Irish 'Geneva Convention'", *Gaelic Ireland*, Issue 1, Volume 23, Features, 2015.
(출처: https://www.historyireland.com/cain-adomnain-697-irish-geneva-convention/)

National Press Club Washington. D.C., "Just War Tradition and the New War on Terrorism", Pew Research Center, 2001.
(출처: https://www.pewresearch.org/religion/2001/10/05/just-war-tradition-and-the-new-war-on-terrorism/)

UN, 「Charter of the United Nations」, 1945.
(영문 원본 출처: https://treaties.un.org/Pages/ViewDetails.aspx?src=IND&mtdsg_no=I-1&chapter=1&clang=_en)
국문 번역본 출처: 외교부 홈페이지(2025) https://www.mofa.go.kr/www/brd/m_24969/view.do?seq=333138&srchFr=&srchTo=&srchWord=&srchTp=&multi_itm_seq=0&itm_seq_1=0&itm_seq_2=0&company_cd=&company_nm=)

□ 기타 □

최동훈, 『밀정』, 쇼박스, 2015.